天地人合一

——易学学者孔令伟精解《周易》系列之二

孔令伟　编著

经济日报出版社

图书在版编目（CIP）数据

天地人合一／孔令伟著．－－北京：经济日报出版社，2015.3

（孔令伟精解《周易》系列；2）

ISBN 978－7－80257－787－9

Ⅰ．①天… Ⅱ．①孔… Ⅲ．①《周易》－研究 Ⅳ．①B221.5

中国版本图书馆 CIP 数据核字（2015）第 044117 号

天地人合一

作　　者	孔令伟
责任编辑	陈礼滟
责任校对	崔旋子
出版发行	经济日报出版社
社　　址	北京市西城区右安门内大街 65 号
邮政编码	100054
电　　话	编辑部 63543168　发行部 63516959
网　　址	www. edpbook. com. cn
E－mail	edpbook@126. com
经　　销	全国新华书店
印　　刷	北京鑫瑞兴印刷有限公司
开　　本	889×1194 毫米　1/32
印　　张	6.5
字　　数	90 千字
版　　次	2015 年 7 月第一版
印　　次	2015 年 7 月第一次印刷
书　　号	ISBN 978－7－80257－787－9
定　　价	28.00 元

作者前言

英国著名评论家海斯利特曾说："低估自己者，必为别人所低估。"

我出生在苏北微山湖畔的一座小城，划船、打渔、游泳是当地小孩子的最爱。但因为孔家一脉单传，只有我这么一个宝贝孙子，所以家里不允许我和其他的小孩们下湖去玩水，而是每天用一把"铁将军"把我牢牢地反锁在房间里。一个贪玩的被反锁在屋子里的小男孩百无聊赖，只好在屋里搜罗自娱自乐的东西。

我家是诗书传家，家中的古籍存有两大箱，足足有200本。《大学》《论语》《中庸》……一本本、一册册旧得发黄的老古董，被我老爷爷宝贝似地收着。那时实在闷得慌的我对这些古书发生了浓厚的兴趣，现在看来，我就是从这个时候开始，开启了注定我今后一生的国学之旅。

幸好，爷爷从小就教会我识字。慢慢地，在不知不觉中我把经、史、子、集来回翻看，甚至连《周易》《奇门遁甲》等完全看不懂的书，也一知半解被我统统翻阅过很多遍。原本是为了摆脱寂寞和孤独，却没想到看过之后竟然入了迷，那些天书似的文字，把我带进了一个奇幻的世界，竟然一发不可收。

起初我并不能很好地理解那些典籍的深刻含义，但这反而让我对那些书产生了兴趣并上了瘾。等年纪稍大的时候，即使屋子的大门没有锁，我也不愿意出门，而是如饥似渴地继续去读那些似懂非懂的古书。

几年下来，大约在我十一二岁的时候，家中的藏书中，有很多我已经能熟练地背诵下来。背书能大量吸收书面语言的信息，掌握和积累书面语言的语感。日积月累的熏陶和输入，总有厚积薄发的时候，正所谓“熟读唐诗三百首，不会吟

求索，就一定能走出一条开拓进取、完善自己、造福社会的人生道路。

孔令伟

2015 年 3 月

帝王之学。

目前我的学员，大都是来自企业的精英，他们在事业上摸爬滚打、久经历练了很多年，成了企业掌门人，但仍旧会在不同的时段遇到经营以及生活中各种各样的难题，他们希望通过学习国学经典，获得独立掌握破解各种问题的方法。这使我很感慨，也使我更进一步看到自己从事这项事业的积极意义和因此带来的社会价值。

人生在世，谁也不可能是一帆风顺而不遭遇曲折坎坷的。在这样的现实面前，我们除了保持积极上进的人生态度，还需要增强分析自己、家庭和企业面临的现实处境，以及研判未来的能力，及解决各种问题的能力。

2014 年 5 月 4 日，习近平总书记赴北大考察，召集北大师生座谈，做了《青年要自觉践行社会主义核心价值观》的讲话。讲话援引古今，出入六经四部，辞气恳切，洒洒万言，赢得了广大师生和社会各界一致的赞誉。特别是他说到的“天行健，君子以自强不息”，就是出自《易·乾》，意谓要努力向上，永不停息。

因此，只要我们永不停息地努力学习，积极

诗也会吟”，“读书破万卷，下笔如有神”。当年我翻阅、背诵下来的那些旷世经典、圣人之道，为我今天深入研究国学奠定了扎实的基础。

等到上小学三年级的时候，我已经开始看《周易》，虽然依旧是看不懂，但我会把《周易》的很多符号比如太极八卦、阴阳符号等用笔画着玩，直到后来我已经把《周易》差不多都能背下来了。再后来我开始练习用《周易》推演事情的发展，起初是应用《周易》的算法，估计一下大体什么时候有雾有水或者涨潮，还有下雨什么的。当时还不懂天气预报，只觉得能预测到这些天气变化非常好玩。直到家里有了电视，才知道这其实就叫“天气预报”。

现在回头去看，从小我与国学尤其是《周易》结下的不解之缘，看似是偶然的，实在是偶然中的必然。

现在，我在继续深入研究《周易》的同时，还开班授课，以“技高德馨，质朴宽怀，行善积德，虔度有缘；乾坤国学，造福四方，桃李天下，功德无边”为理念，广结善缘，为那些喜爱国学尤其是易学的学员们，讲解易学中的制胜之道、

目　录

绪　论

中国风水的核心思想是人与自然的和谐，讲求“天人合一”。

天有天相，地有地相，五千年中华民族生存智慧的结晶，对于环境地理的无限研究，最终形成了这一博大精深的综合人居、环境学说。

中国文化又称为河洛文化。中国文化的源头是《易经》。

风水学又堪称舆学，是易学发展途径之一的“象数易”的一个分支。

因而要追溯风水学的渊源，必定先要了解易学的发展分野。

易学的发展分野有一个相当漫长的过程。《易经》写明："河出图，洛出书，圣人则之。"《易经》以神话的方式来说明河图与洛书的出现，据传河图出现在包牺氏时代，由龙马背负出黄河而出；洛书则出现于大禹治水时代，由神龟出洛水而成。

圣人所画的河图是怎样的一直以来都是一个谜，但是人们经过漫长时代的研究发现，河图的图形是平面的，有四面之分，但无上、下之别（实则隐藏了上、下），它反映的是以地球为中心的宇宙空间结构，河图就是宇宙结构的缩影。由包牺氏到大禹经历了至少二千年之久，而在大禹时代出现的洛书与河图几乎吻合，所以研究者认为洛书相比较河图，是大地的缩影。所以，虽然对于河图与洛书就是易学发展的源头，一直以来颇有争议，但是，这并不妨碍易学的发展有一个清晰的脉络渊源。

探究易学的发展，是一个很久远又很漫长的故事。宋代时，华山道士陈抟把河图、洛书和先天图等拿出来，河、洛才重现于世。据《地理正宗》曾记载，有人名称吴法旺，是西汉长沙王吴芮的后代，自小有志于天文地理之学问研究，听闻陈抟有洞彻其中的奥妙，于是派儿子吴克诚前去求学，并得之肯綮。吴克诚有子名吴景鸾，天资聪颖，陈道士对其父直言："景鸾是个仙才，将来必将继承和发扬光大我的学说。"因而把《青囊》之书籍传于其。青囊又叫青鸟，即地理风水。吴景鸾得此书后精细钻研，得以大成。此后河图、洛书又经其女传出与世。

由陈抟传了一圈，到邵雍便有了据图著有的《皇极经世》，而后再有了周敦颐的《太极图说》。而朱熹的《周易本义》把河图、洛书与先天图等九分图都列于书中，如此河洛等才算是得到了正统的认可。于是在后人的易学著作中，一般都会在卷首列出河、洛等图，这成了周易的重要部分。而最有说服力的是在1977年，安徽阜阳县双古堆西汉汝阴侯墓出土的一只"太乙九宫占盘"，大盘正面按八卦位置和五行属性排列，而小圆盘的刻画和河图、洛书完全吻合。由此说明河、洛之图是由远古一直流传下来的，而在西汉就已经很盛行了。

河图、洛书的发展在汉代以前由民间术士传世，宋代以后儒家开始重视，《易经》因而有了义理和数象两条途径。义理以注解易经为主要内容，称为“义理易”；而数象的发展由注解易经逐渐转向象数的研究，称为“象数易”。堪舆学正是后者发展中的一个分支。

《易经》是宇宙观与方法论统一的科学，而堪舆学正是在易学基础上发展的科学的方法论。堪舆学的易理依据是：主要理论以阴阳学说、易经、河图、洛书为基础，理论依据是《易经》，尤其是其中的《系辞》和《说卦》。《系辞》的“仰则观象于天，俯则观法于地”很清晰地说明风水学是与天文、地理有关的一门综合性科学知识。

《周易》在中国历史上被尊称为“众经之首，大道之源”，中国风水正是以中国最早的充满哲学思想的《周易》为基础，加上道、释及占星等内容，逐渐发展起来的。

第一章
《周易》与《风水学》

一、风水学的历代发展

中国的风水学起源很早，大约可以追溯到原始时期的聚落遗址时代，从产生开始，到商周时期臻于成熟。风水学一直以来在民间社会广为流行，因为风水学在民间一派为相地之术，即临场校察地理的方法，在生活实际上运用较多。所以在刚发展起来的时候就被称为“堪舆术”。

早期的风水主要关乎宫殿、住宅、村落、墓地的选址、座向、建设等方法及原则，是选择合适的建筑地点的一门学问，也是中国历史悠久的一门玄术，又称青鸟、青囊，但是学术性的说法依然习惯称为堪舆。

风水学的渊源来自易经，虽然对风水学后来的运用众说不一，但是这并不妨碍风水学的越来越普及并且蓬勃发展。

《卜辞》有记载："甲子卜，宾贝，我乍邑？乙卯卜：争贞，五乍邑，帝若？我从，之唐。"从夏、商、周时期，人们就有了对风水的研究，并且重视其在生活中的作用。在文明荒凉的年代，对于大自然中出现的各种自然灾害，人们在残酷艰辛的抗争中，能依据的只有适者生存的自然法则。

地理风水的意识产生在文明萌芽时期，"上古之时，人民少而禽兽众，人民不胜禽兽虫蛇"。古人先以树木为巢舍，后来在了解自然和改造自然的实践中，便对居住环境进行了改造。

在西安的东郊发现的半坡村遗址，其时间大约在距近六七千年前，这个原始的村落是一个比较完整的村落遗址："选址多位于发育较好的马兰阶地上，特别是河流交汇处……离河较远的，则多在臬近旁。"遗址就坐落于渭河的支流浐河阶地上方，地势高而平缓，土壤肥沃，适宜生活和开垦。

在长期的生存竞争实践下，人们学会了择地而居，懂得了怎样才能更好地适应大自然，才能求得可以繁衍发展的生存之地。因而人们对居住环境已有所选择，并且这种选择是建立在对地理环境和风水知识有所认识的基础之上，懂得居住方位与日照和风寒的关系。也正是如此，风水学慢慢地渗透到了生活中，人们找到了其可以寻觅的规律性。这大概就是风水学的萌芽和开端吧。

到了殷周时期，已有卜宅之文。《诗经·公刘》描述周朝公刘率众由邰迁豳，亲自勘察宅茔，“既景乃冈，相其阴阳，观其流泉”。

普遍的认为是，比较完善的风水学应该是自战国时代起，而战国与先秦时期，是风水理论的形成时期。这个时候的风水已经是人们的衣食住行中一个很重要的因素，其理论多用作城镇及村落选址、还有宫殿建设。在中国流行土葬的时期，风水学便也向寻找丧葬地形这一方向发展了。

当然，在先秦时期，风水理论起初还是比较简单的，理论体系也并不十分完善，远没有发展成一种学科理论，人们还处在根据地理环境，进行择地而葬，或选择人的居住所在，他们的一些结论性的东西有时候也能够得到应验。

但是风水理论在民间效用依然比较广，政府也很重视，据《孝经丧亲》记载："卜其宅兆而厝之。"这是对阴宅的风水论述。又据《尚书·召诏序》记载："成五在丰，欲宅邑，使召公先相宅。"这是相阳宅的记载。

在周代人们为了安宁吉祥，就开始用相宅的方式选择住宅。春秋时，《尚书》中有"成王在丰，欲宅邑，使召公先相宅。"的记载。周代已经有了相土尝水等用于实际的方案。如《诗经》有云："笃公刘，既溥既长。既景乃冈，相其阴阳，观其流泉。其军三单，度其隰原。彻田为粮，度其夕阳。豳居允荒。"周人的先祖公刘相土尝水，观察山川的阴阳向背，选择合适的居外营建居住房舍，于是山坡上的建筑栉次邻枇；他和军民一起开垦种植，田地庄稼丰收在望，人们其乐融融，风光无限。

西汉时期，风水理论趋于成熟。据《史记》中的《轩辕本纪》记载："黄帝始划野分州，有青乌子善相地，帝问之以经制。"证明风水最初是与

地理有关的学问。而风水又称“青乌”和“青鸟”。“青乌”是古人对太阳的尊称，而“青鸟”是青鸟氏，是当时的天文历法官，因而就把“青乌”和“青鸟”合称，反映出中国古代风水的两大特征。又有《淮南子》中：“堪，天道也；舆，地道也。”堪即天，舆即地，堪舆学即天地之学。

汉代对风水很讲究，他们不但阳宅择地而居，阴宅相地而葬，而且运用阴阳五行生克制化的道理。实际运用的例子也很多，司马迁《史记·樗里子传》“樗里子甘茂列传”记载了樗里子（秦孝公子严君疾）利用观察风水地理预测未来的事迹。《史记》记载，他晚年的时候，自选墓地于渭南章台之东，预言：“后百岁，是当有天子之宫来夹我墓”。果然在他卒后百岁，刘邦建立汉朝，于渭南建宫殿，其中长乐宫在其东，未央宫在其西，印证了预言的真实性。这其实在某种程度上，反映了当时人们选择住宅和墓穴的选择规律。

于是，后世的堪舆家皆奉严君疾为风水相地术之正宗。到了秦代，朱仙桃所著的《搜山记》，成为风水理论的重要组成部分。

汉代时期，人们已将阴阳、五行、太极、八

卦等互相配合，形成了中国独有的对宇宙总体框架认识的理论体系。并在实践中形成了初步的临场校察地理风水的理论。风水作为一个研究对象，从民俗学及建筑学的角度均有研究的价值。风水学由以前只是用于卜宅、相宅的机械活动，升华到理论阶段。

风水理论在此时已经包括了择日等理论，如《论衡》中王充对择日的论述甚为精辟，有了“太岁头上不敢动土”的理念。司马迁的《史记》中也有“孝武帝时聚会占家问之，某日可取乎？……堪舆家曰不可”的记载。在《论衡》中，风水已经联结了时间、空间和人物重要因素，形成了一种衰败和昌盛判定的系统。

而在秦汉时期，风水学开始与民间方术联系起来，和五术的命、卜、相皆有所关联，而且基本构成源自《易经》的卦象，分为看门、主、灶的阳宅相法与看阴宅的相法等现称玄学术数的民间信仰。出现了一些专著，如《堪舆金匮》《宫宅地形》等。也开始出现了各有所长的诸多流派，如三元法、三合法、九星法、阳宅三要法、八宅明镜法、玄空法等。

发展到魏晋南北朝时代，风水理论已经逐渐完善，如被推崇为风水理论的经典——郭璞的《葬书》。据说风水一词正式出现，也正式在《葬书》中。《葬书》建立了哲学与形象之间的关系，其："葬者，乘生气也。"可说是风水的理论基础。"气承风则散，界水则止，故谓之风水。风水之法，得水为上，藏风次之"。把抽象的"生气"观，落实到可以观察、可以捉摸的风与水，而好的乘生气的方法就是藏风、得水。而紧接着的"古人聚之使不散，行之使有止。"自然界的风和水，要藏风、得水，就要有一定的地理环境，此上句指风下句指水，正提示了良好的山川形势法则。其实这几句的具体解释可理解为，风水就是为考察山川地理环境，包括地质水文、生态、小气候及环境景观等等，然后择吉建筑城郭室舍等。

《葬书》全篇所讲的都围绕着形势、形法，可以看作是形势峦法的纲领："地势原脉，山势以原骨。委蛇东西，或为南北，宛委自复，回环重复，若踞而候也，若揽而有也。欲进而却，欲止而深来，积止聚冲，阳和阴工，土厚水深，郁草茂林，贵若千乘，富为万金。即可窥见一斑。"

虽然《葬书》起初是专对故去的人而用的风水，但因其博大精深，涉及面广，所以后代的阴阳两宅，基本上都是以此为蓝本而建，直到今天的自然科学、地理环境等科学也不例外。

对于郭璞此人，传说也很有趣。据《晋书·郭璞传》记载，郭璞乃河东闻喜人，公元276年出生，父乃尚书都令史，以公正著称。而郭璞好经术，博学有高才，而讷于言论，辞赋为中兴之冠。好古文奇字，在他年轻的时候，有个精通卜筮的人即传说中的青乌子来到他的家乡，郭璞慕名拜师，于是青乌子传授给他一套《青囊中书》。从此，郭璞"洞五行、天文、卜筮之术，攘灾转祸，通致无方，虽京房、管辂不能过也"。郭璞精通风水堪舆理论，善于认形察气，找寻生气。

对于郭璞的对风水理论的实际掌握程度，民间也有传闻。在他尚未声名大振的时候，他的母亲已经去世，他选了一块河附近很平常的地安葬母亲，人们都认为这块地相当的不好，因为山洪到来的时候常会被大水淹没，所以一些人就建议他另选一块合适的地方安葬其母亲，然而郭璞一笑置之。令大家想不到的是，一年多过去了，那片地不但没有被淹，反而变成了上等的良田。这件事令他声名鹊起，许多人远道慕名而来，请他给讲解风水，并运用到实际的生活中。

唐宋时期，《葬书》非常的流行，罗盘开始被广泛使用。而《青囊奥语》的诞生，使风水学有了独立的理论，形成了一定的体系和流源，成为了一门科学。

隋朝也是一个对风水术十分重视的时期，萧吉著有《相地要录》等书，书中记载的风水事迹比较神奇，曾经风靡一时。

隋末初唐时，李播、李淳风父子作《天文大象赋》《大衍历》、李淳风负责编纂《晋书》《隋唐·天文志》，其中的天文志等诸多的天文书籍，定下了三垣二十八宿的名称，并且对天上各大星座作了详细的描述，使风水学与天地相对应。在地理学上则兴起了对山川地形进行考察的热忱，从而促进了风水学理论应用于对山川地形的踏勘。另一著名人士为高僧一行在公元 710 年就提出了"磁偏角"的叙述。

唐代佛、道盛行，与风水学互相渗透，尤其是道家"气"的学说，以及《易经》、太极、阴阳、八卦等理论，奠定了后期风水学的理论基础，并成为了后期风水学的理论核心。

唐朝是我国古文化最发达的时代，风水更加盛行，出现了大批杰出的风水人物，如张说、浮屠泓、司马头陀、杨筠松、丘廷翰、曾文遄等，他们是唐代风水学家中的佼佼者，由此百花齐放的风水理论导致了两大流派的出现。一是江西派称为形势派，也叫峦头派；二是福建派称为理气派，也叫宗庙派。前者以山川起止为主体。以龙、穴、砂、水、向相配为内容，其鼻祖为杨筠松，简称杨公，在“地理术”方面独树一帜，著有《疑龙经》《撼龙经》《十二倒杖》《青囊奥语》等。其中《十二倒杖》把理想的山水形式综合而为十二种，以便于识别；《青囊奥语》则结合了星象的观念。由此可见，到了杨筠松时期的晚唐，具有包容性的一套新的系统已经出现，为后世的风水理论奠定了坚实的基础。

杨筠松，唐僖宗时掌灵台地理事，官至金紫光禄大夫，在宫庭、仕大夫上享有盛誉，广明元年，黄巢的农民起义军占据潼关，攻入京城之后，杨筠松与仆都监携禁中地理秘籍书外逃，辗转到了赣州雩都并定居下来。他之所以后来在民间童叟皆知而享有盛誉，正是因为他善于阴阳宅选址、纠正葬俗恶习，平息当地争讼之风等诸多方面都有很大的作为，于是后人给予了他很多的名号，如行业人士奉他为风水仙师、老百姓赠他名救贫仙人，即后来三四百年挂人口熟人耳的杨济贫。杨筠松弟子盈门，遍及大江南北，直到现在世界上的华裔堪舆（地理）师大都还是奉杨筠松为祖师，而港澳台每年有许多从事堪舆行业的著名人士到雩都观光访问，其实际都带有寻找“杨公地理”真谛的想法。

到了宋代时期，风水更加成熟发展。据《古今图书集成》记载，宋之名家近唐之倍数。又据《宋史·艺文志》中，堪舆著作有70余种。确实可考察的联系汉唐和明清风水学的可靠典籍《重校正地理新书》现在台湾“中央图书馆”善本室中。据考证，此书为宋仁宗命司天监等官员根据宫中地理旧籍，抉讹摘误，修订而成。而到了宋徽宗时期，由于他十分重视风水，因而此时的风水名师也特别多，赖文俊（赖布衣）、陈抟、吴景鸾、傅伯通、徐仁旺、邹宽、蔡元定、历伯韶等都是相当有名的人物。而其中的赖布衣、陈抟、吴景鸾因其风水事迹神奇而久负盛名，被后世称之为“风水宋三杰”。

元代的赵枋著有《葬书问对》，书中认为“乘生气”确实是葬理之所在。还有五行与行法有关，为乘生气之机；肯定接受了五行的体系……这些理论对风水的发展有一定的启示作用。

到明清时代，风水发展到了极点，走的是集大成的路线。明清王室建立了庞大的陵区，使风水地理的运用几达顶峰。此时常有地理命名的堪舆书籍，如萧克的《地理正宗》、徐继善的《地理人子须知》、蒋平阶补传的《地理辩证》和叶九升的《地理大成》等等。

《明史·艺文志》中，列堪舆书籍25类，其实为著作中的九牛一毛。首先与明末的《地理人子须知》中载有的80种参考书，只有少数重合，而与清初《古今图书集成》所收集的20几类竟然没有几类是重复的。明朝的名士有前期的刘伯温及后期的蒋大鸿。刘伯温在一次南游中行至大屿山一带，曾发出这样的感叹：“奇哉大屿山，日后定可富甲天下！”（大屿山，就是香港的第二大岛。）后来的历史事实，证明了他当年的推断是准确的。这精湛的预测，靠的自然是对风水地理的堪舆。后世流传的重要的风水著作《堪舆漫兴》（后附文），据载正是刘伯温所作。在这本著作中对中国风水发展到明朝的繁盛可见一斑，已经颇具理论基础并臻于成熟。后文将援引其中的一些内容，可以详细地看到当时的风水理论的研究水平。蒋大鸿把风水直接上推至《周易》，与图象理学家连上关系，使用先天八卦与六十四卦讨论相法。其《地理辩证》，以挨星为理气的主要内容，为近代风水理论的经典著作。清末沈竹礽著《沈氏玄空学》，对蒋公的理论作了深入浅出的著述，已被尊为当今风水理论的重要经典。

到了清代以及近代，出现了大批风水名师，如范宜宾、陈梦雷、沈竹礽等都曾经闻名一时，其中以沈竹礽最负盛名，著有《沈氏玄空学》，现在的玄空风水术大都是以该书为蓝本而著。

综上所述，中国的风水学源远流长。文明蒙昧时期，由于人们缺乏必要的自然科学知识，也因此人们从各方面产生了一些对风水的误解、曲解，使得风水被视为封建迷信。但是近年来，由于自然科学、生态学、地质学突飞猛进的发展，人们重新认识到当代自然科学与我国古代风水有着密切的关联，因而风水重新受到重视并且被运用到现实生活当中。大到整个自然的地理堪舆，小到一个大城市、乡村城镇的规划等，风水都具有特殊的价值和借鉴意义。

风水的运用范围相当广泛，因而已日渐成为对现代人类以及现实生活做出更新更多贡献的学科。

二、风水学的易理依据

在古代，堪舆学，顾名思义，是研究特定环境在不同方位、不同时运的灾祸和幸福的一门学问。其核心内容是气和气的运行。表现形式是空间方位和时间流转的统一。

《周易·说卦传》："天地定位，山泽通气，雷风相薄，水火不相射。八卦相错……雷以动之，风以散之，雨以润之，日以烜之，艮以止之，兑以说之，乾以君之，坤以藏之……帝出乎震，齐乎巽，相见乎离，致役乎坤，说言乎兑，战乎乾，劳乎坎，成言乎艮……乾为天，坤为地，震为雷，巽为风，坎为水，离为火，艮为山，兑为泽。”在此，风和水，指的就是自然界中的风和水，“风水”指的就是巽坎二卦之象。又有《周易·系辞传》又有“一阴一阳谓之道”之说。

《周易·说卦》曰：“乾，天也，故称乎父。坤，地也，故称乎母。”意思是说，八卦中的乾卦代表天，被尊称为父亲。坤卦代表地，大地被尊称为母亲。《系辞》曰：“天地絪緼，万物化醇。男女构精，万物化生。”这就是说“天地间阴阳二气交融，万物才能变化而完美，阴阳雌雄两性交合，万物才能产生变化”。《周易·序卦》曰：“有天地然后万物生焉。……先有天地然后有万物，有万物然后有男女，有男女然后有夫妇，有夫妇然后有父子，有父子然后有君臣，有君臣然后有上下，有上下然后礼仪有所错。”这就是说，天地间阴阳二气交合才能化生万物，有万物才能产生男女、夫妇、父子、上下、礼仪，万物离开天地就无法生存，天地是产生万物的根源，所以古人非常尊崇天地，敬重礼拜天地。

在科学文明还很蒙昧的古代，天象问题主要指的是星系之间的引力场作用、太阳引力和风暴、由月亮引力引起的潮汐、大气环流、海洋环流等给人类带来的综合性的空间影响问题。对于一些自然灾害人们无法理解，于是便把日夜居住的环境与命运联系在一起，包括天象、人生八字、水象、财路、仕途、地质结构、住宅之间、庙宇、建筑结构等等，再加上古代的风水先生以此谋生，便把这些天灾搬来作为掐算依据，于是一部分风水误入了迷信的框子。

但是，不管是古代人类还是现代人类，对于住宅选址考虑房屋的朝向，庭院与树木，门与门之间的对称，采光，房屋的排列、高低，生活物品及其对住宅的影响等因素都是有其一定的科学性的。这个在下文有所论述。

中国的风水之阴阳学说是其基本概念，讲究“一阴一阳谓之道”之精髓。毛泽东称之为“这是古代的两点论。形而上学是一点论”。

阴阳五行学说的概念起源于夏朝，其依据是成书于夏朝的《连山》一书。《连山》书中已出现阴爻“— —”和阳爻“——”。《山海经》称：“伏羲得河图，夏人因之，说《连山》；黄帝得河图，商人因之，曰《归藏》，烈山氏得河图，周人因之，曰《周易》。”

阴阳概念成为阴阳学说是周朝以后，特别是《易经》对阴阳进行了全面概括，成为系统、完整的阴阳学说。

阴阳，是指事物或现象中对立的两个方面，具有互相依存，互相为用的特点。《素问阴阳应象大论》曰：“阴在内，阳守之，阳在外，阴之使也。”“阴阳者，天地之道也，万物之纲纪，变化之父母，生杀之本始”。阴阳的矛盾对立统一运动规律是自然界一切事物运动变化固有的规律，世界本身就是阴阳二气对立统一运动的结果。

五行是古代哲学理论中的“木、火、土、金、水”5类物质，并以其特性及其生克制化规律来认识、解释自然的系统结构的方法论。

阴阳五行学说，是古人在接触各种事物与现象的实践中，通过观察与思考，建立的朴素的唯物论和辩证法思想。阴阳五行学说认为世界是物质的，物质世界是在阴阳二气作用的推动下孳生、发展和变化；并认为木、火、土、金、水5种最基本的物质是构成世界不可缺少的元素。这5种物质相互孳生、相互制约，处于不断的运动变化之中。

“五行”可以说是最早的“矛盾论”。“相生”是一种物质对另一种物质存在着催生、促进、帮助和生成的积极关系；“相克”是物质间存在着反对、压迫、消耗和克制的消极关系。相生相克，正是当代哲学中的矛盾对立统一关系。

阴阳五行学说是我国人民所独创的一种学说，广泛渗透于中国古代科技文化的各个领域。对后来古代唯物主义哲学有着深远的影响，如天文学、气象学、化学、算学、音乐和医学，都是在阴阳五行学说的协助下发展起来的。中国风水的各个方面均遵循这一原则。

如北京的紫禁城的五行意象：

从总体布局上来说，紫禁城像历代宫殿一样，分前朝、后寝两大部分。前即南方，从火，主大，故作施政场所。

从具体位置看，紫禁城内凡是属于文化、文治方面的宫殿设施，多在东侧，从木，从春；属于兵刑、武备方面的宫殿、设施，多在西侧，从金，从秋。

从总体色彩看，紫荆城宫殿及垣墙以红、黄

色为主调。红属火，火主光大；黄属土，土居中央。红、黄并用，表示着皇帝居至尊至大为天下中心。

故宫太和殿明代开间为9间，因多次着火，清代复建时，改为11间。在洛书里，9对应的是离卦，属火；1对应的是坎卦，属水，水可克火。另外，太和殿屋脊两头的鸱吻象征龙，龙为水神，所以，鸱吻也表示以水克火。

第二章
风水学理论的科学意义

中国的风水学产生于生活和农业生产的需要，其理论来源于人们长期观察自然和改造自然地理环境的运用，经过漫长的时间实践检验，风水学被证明是科学的。

风水学经历了时间的检验，广泛地域空间的实践，是世界上最具统计学价值的一门学科。它是先辈们历经生活斗争实践所积累的经验，也是中华文化的结晶。

一、风水的科学性

易学是根据宇宙发展变化的规律而进行测算的学科，但是它有明确的质的范畴，而无精确的量的界限，没有精确的时间量和空间量。因而即使到了今天，就质的范畴和核心内容来说，它是科学的，但却是一门抽象的科学，一门建立在实践基础上的抽象科学。

易经的本身，只讲阴阳对立、五行相克、动静吉凶和卦爻的变化，内容是辩证的，其物质基础是“气”。所以一切的理论和实践都是在“气”基础上，气的动静变化、气的相生相克、气的阴阳对立。

风水学的基本概念之阴阳学说，将宇宙世间万物分为阴与阳两大类，认为一切事物的形成发展与变化，全在于阴阳两气的运动与转换。阴阳概念由最早的阳光的向背引申到世间万物的阴阳调和，进一步广泛解释自然界与社会界的所有现象。

所以，以易经为理论依据的风水学，就是把易经的辩证原理，应用到了实际的人生活动，居住环境，并具有严密系统的学问，是易学的应用学。

中国古代的堪舆学来自《易经》内核中心的天干地支，主要描述的是天象与人文地理和命脉的运程。其理论核心是“天、地、人合一”、“五行相生相克”、“阴阳平衡”，囊括了天文、地理、信仰三者合一的生命发展境界。中国风水的中心思想“天、地、人合一”，天文是指宇宙星系方位与地理之间的融洽变化，地理确定了人类居住环境的命运发展延续，也确定了人类命运的发展过程。

“天、地、人合一”正对应的是宇宙星体学。人，随时受到宇宙星体对地球产生的各种效应的影响。

例如，月亮的圆缺和运转周期，对海水的潮汐涨落产生明显的作用力，同时也对人类女性的生理周期产生一定的影响力。再如太阳黑子对人类健康产生的影响，日蚀、月蚀对地球和人类产生的特有的作用力等等，都印证了宇宙星体和地球、人类的感应联系。

现代风水学与宇宙星体学接缘，研究宇宙星体及其变异对地球与人类产生正负效应的规律，掌握、调整和减免宇宙自然能量的动变对地球与人类负面影响的方法，探求宇宙、地球与人类三位一体的同步对应及和谐共存的理想境界。即

《黄帝宅经》中提出勘舆风水应达到的境界："人宅相扶，感通天地。"

虽然在风水学的发展中经历了一些挫折，特别是在民间误入了些术数的歧途，但是它的本质依然是一门集结了几千年人类智慧的科学，是一门生活应用科学。即使在古代，风水学依然有其科学性的存在。

首先，从大自然的风景来看，山川秀丽，景色秀美，象征着人类回归大自然的精神风貌。天地之间的气候变迁象征着风调雨顺的辉煌盛世。在风水理论中，人们用"风"来代表大自然空气环流，祝愿生活美好而将一帆风顺；用"水"来寄寓着人类生命的延伸和活性，人类的生命将顺畅无比。

其次，把居住地建筑在依山傍水、绿阴环绕之地，正是人类栖居的美好理想，也是人类居住环境的最佳选择。

最后，使用罗盘来测定地球磁场的走向，用以确定住宅的建设方位，以获得足够的采光空间，这是从天干地支、天地相容中寻找科学点。

古代人类的智慧，到今天依然闪耀着光辉。

风水学发展到如今，其理论和运用都为现代的堪舆理论和实践提供了坚实的理论基础和理论依据。特别是在现代建筑系列与风水承接，风水与人类的生存确是分不开的，人与大自然和谐，是不可能与风水分开的，因为，大自然存在着风与水。

传统建筑文化的一个极为显著的特点是各种建筑活动，无论是都邑、村镇、聚落、宫宅、园囿，以及至道路、桥梁等等，从选址、规划、设计及营造，都受到风水理论深刻影响。

现代社会的建筑风格遵循着科学发展观，从地理环境到空间科学和地质结构确定了人类最佳居住区域。从科学性的角度，来探讨一下天文地理要素对人类住宅区域的影响，看如何才是“天、地、人合一”。

住宅区域的选址应立足于构建优雅的生态环境结构，以现代化的住宅力学设计理念，探索回归大自然的方式，考虑阳光充足、水系纯洁、绿荫环绕等要素，远离地震带和火山灾害、山区泥石流以及山体滑坡和山洪及海啸等自然灾害频繁的区域。

优雅的生态环境结构，必须要对地质有所堪

舆，然后选择。这主要考虑地表层的承重能力、流沙层、软质层、岩层空洞等因素。一般尽可能的选择地表岩层板块稳定性比较好、不存在地震断裂带、岩层板块下面不存在气体能源以及液态或固态能源，还包括浅水层因素，岩层间不存在水系层的区域。

例如在平原地带，人们都会选择地理位置较高的地方，远离泄洪区域。所以我们可见的很多建筑都是以水库的最大库容为基点进行住宅选址建设，这正是防止溃坝等二次性灾害。

从地球物理学的观点看，地球是由多种元素组合而成的，这些元素会产生不同方位与强度的地热、磁场、电场、重力场及各种放射性物质，加之地表的山川河流，植物动物，微生物等等，它们产生的作用力与人类息息相关。

例如，地层里含有害的放射性物质，居住在这的人，不但会受到伤害，还可能发生变异。俄罗斯科学院鲁德尼教授通过研究发现，生长在断裂带的动植物会发生病变，如肿瘤病发病率比其他地区高两三倍。地质断层还会释放出放射性气体，引起局部地磁变化，这是引起人及动植物病变的重要因素之一。

有些地域的地质结构比较好，地层中所含的元素对人体和动植物都会产生良好的作用，如中国的广东、江苏、浙江等地区，又由于自然灾害相对较少，经济发展也较好。

另外，气候是不容忽视的。首先就是气候的差异带来的变化，人们要就身体适应度来选择或避开，其次人们一般会避开大气的强对流地区、自然灾害多发区。比如会预先研究该地区是否有强风暴、龙卷风、台风以及是否有有毒有害气体的重污染。

如何避开？这正是现代风水学的内涵和使命之一，就是要将传统风水学同现代气象学相结合，探索人类居所建筑的布局与调整如何适应气象、气候的变化，从而有利于人的身心健康，家庭和谐与事业发展。

比如，北方的房屋要防寒保暖，墙壁砌得很厚，有的是双层玻璃双层墙，古人就干脆挖窑洞避寒，具有冬暖夏凉之效。另外要坐北朝南向；南方的房屋要防热防潮，门窗开得多，以利通风凉爽。建筑物的朝向只需要顺势即可。

又如北方寒气重，哮喘等呼吸道疾病的人往往要避开，而去到四季如春的海南岛生活，绝大多数都可以不治而愈。南方湿气重，患风湿病的人较多，但到空气干燥的新疆等地生活，也可自然痊愈。

传统风水学讲究建筑与风、气的关系，这与气象学中研究的气候学亦无不相同之处。

除了避免气候的相克，在具体建筑物实施的时候，人们也因地制宜采取措施，比如在内陆江河水域两岸沿线的建筑，人们会把地基挖的很深以加强其牢固性；建筑师会建议居所不修筑在极易发生自然灾害和地质性二次灾害地区，如山坳、山沟、山区的漏斗形区域。

还有一种因素是不能忽视的，那就是空间带电粒子以及强磁粒子辐射的磁场地区包括强地磁影响区域。有很多的事实证明，这些地区很容易给人类带来磁化干扰，尤其是侵害人类大脑，重则会危及生命，也会给人体造成慢性的机理病变。

现代地球磁场方位学，与风水学相融合，探研地球磁向、方位对人类及其居住状态影响的规律性，求索出人类及其建筑顺应地球磁向、方位并有利于身心健康和事业发展的方法。

比如人们常见的现象，磁场、磁向及其方位对床位的设置和睡觉的效果。北半球的人如果头朝北睡，就会有一种安定舒适的感觉，因为北极磁场会对人的大脑产生一种安定、调节的作用。反之，则睡眠效果会受到影响。所以，如果卧室床方位与地球磁向不对应，则可能会影响身心健康甚至家庭和睦。

另外，对于地表性能源区，如浅表性煤矿及天然气、毒气等地质结构也应尽量远离。

现代的风水理论不仅仅是着眼于自然地理的堪舆，发展到现在的地理堪舆还包括避免人为的二次影响，比如，由人类战争而引发的核武器战、细菌战、化学战等导致的对自然界地质和空间的严重破坏。

现代堪舆学继承了古代堪舆理论中的精华，更在发展中不断科学化，即使是局限到选择人类住宅区域，也是一项综合性的科学问题。因为现代人类的住宅堪舆学谈的是科学选址方式。人类文明主要体现在社会的进步和科学的发展，弘扬科学创新精神才是人类发展的要务。

现在，人类追求的是以人的生存环境为出发点的和谐社会。

二、风水的（古今）科学运用

风水学研究的现代运用，主要体现在用其博大精深的理论去了解依据中国传统风水建立起来的，并且现代仍然保存下来的古典建筑瑰宝。如天坛、西安古长城、山西的乔家大院。

风水——中国人的环境观念架构，长久以来很多误解，认为风水只是一种观念一种信仰，但其实风水是一个系统的地理理论。风水学说是古代关于建筑环境规划和设计的一门学问。历史悠久，渊源流长，在民间广为流传。风水学对中国古代建筑影响深远，对其进行研究，可以帮助了解许多古老的建筑，对中国建筑传统的研究有不可或缺的重要性。古为今用是今天的风水学研究的目的。

风水学是中国建筑文化的原生形态。所谓原生态，是指一切事物产生、发展的一种原始形态。净化与深化风水学说的工具，正是易学与科学。

风水在建筑学术上，自明代以来，实际上已

经成为了中国的建筑原则，而风水师实际上是中国的建筑师。对于一个建筑来说，今天的风水师和建筑家的功能有密切的关系，他们负责与生活环境相关的重要决定，如方向和朝向，开门安灶和定床立等。

所以，中国风水学堪称是中国古代建筑活动的指导原则和实用操作技术。中国风水学与中国营造学和中国造园学构成了中国古代建筑理论的三大支柱。

早期的风水比较关心外在的环境，后期比较重视院落与建筑。明末以来，镇市与聚落的生活环境超过了原野中的大自然环境的重要性，而显著的有内省的趋向。

而对于一个城市来说，住宅与道路的关系的禁忌应该是城市发展模式的准则。比如“冲”的观念应该减少丁字形交叉口，同时住宅不宜建筑在路口、路角，住宅区的发展应该以线型模式为适宜。

中国很多的历史文化遗产与风水是分不开的，北京城就是一座地地道道的风水之城。风水研究家都知道，要了解风水，北京是最有代表性的了，正所谓：阳宅不能不看紫禁城，阴宅不能不看十三陵。

北京，我国伟大的首都，从公元938年作为辽代的都城起，历以辽、金、元、明、清各朝代，至今已具有1000多年的建都历史。对这座历史悠久的文化古城人们充满了好奇和探索欲望。于是，经过实地考察和研究，研究者发现古都就是按照《周易》原理进行规划和设计的，是按“天、地、人合一”的宇宙观念建造的。

北京具有一系列象征意义的城市建筑，给人们提供了实物依据。

北京是一座凸字形的城市，北边部分为内城，南边部分为外城。

内城之外的南北东西四个方位上，分别按《周易》先天八卦原理设计和建造了天坛、地坛、日坛、月坛四个古祭坛建筑。

《周易·系辞》有“是故刚柔相摩，八卦相荡，鼓之以雷霍，润之以风雨，日月运行，一寒一暑”。“日往则月来，月往则日来，寒暑相推，而岁成焉”。宇宙中日来月往于是有了白天和夜晚，有了春夏秋冬的季节变化，有了年年月月。

日、月是岁月形成离不开的天象，于是有了古人祭祀日、月的习俗。

这四个“祭坛”分别是在明清年代建造而成。这两朝的帝王每年不同的时期都要去祭祀。天坛是每年的“冬至”祭天、“孟春”祈谷和“夏至”祭雨的地方；地坛是祭祀“皇地祇神”即地神的地方；日坛是“春分”祭祀“太阳神”的地方；月坛是“秋分”祭祀“夜明之神”即“月神”和天上诸星宿神的地方。

那么，四个祭坛的位置和内城的关系是怎样的呢？古人认为，先天八卦方位才是天地日月的本来方位。《周易·说卦》曰：“天地定位，山泽通气，雷风相薄，水火不相射，八卦相错。”“乾，阳物也，坤，阴物也。”即有了先天八卦方位，乾南、坤北、离东、坎西、兑东南、艮西北、震东北、巽西南。《周易·说卦》曰：“乾为天为君为父……坤为地为母……离为火为日……坎为水为月……”即乾为天在正南，坤为地在正北，离为日在正东方，坎为月在正西方。于是南有天坛，北有地坛，东有日坛，西有月坛，中间则是皇帝的都城。于是才有了天、地、日、月坛所代表的卦位，与古都北京内城构成了先天八卦城。

古代人们从《周易》那里已经深谙“天、地、人三才”之道，并将其运用在都城建设中，以求达到“天、地、人合一”。《周易·系辞》曰：“易之为书也，广大悉备，有天道焉，有人道焉，有地道焉，兼三才而两之，故六。六者，非它也，三才之道也”。说的正是《周易》有天道，有人道，有地道，兼备天、地、人三材而两两与之相对应，故一卦含有六画。六画不是别的，就是“天、地、人三才”之道。

而北京的内城、皇城、皇宫正是按《周易》的“天、地、人三才”设计而来。宇宙有“天、地、人三才”，天在上，地在下，人是天地交合之产物故在天地之间，具体到自然大地，则天在南，地在北，人在南北之间。如皇城南有天安门，北有地安门，皇城位居天安门与地安门中间。再如，皇宫内南边第一道大门为太和门，北边第一道门叫顺贞门，按周易讲，坤为顺、为地，所以顺贞门象征地门，皇宫内的宫殿都处在奉天门（天门）和顺贞门（地间）之间。再如皇宫后宫三殿，南为乾清门，北为坤宁门，中间为乾清宫、交泰殿、坤宁宫，依据周易乾为天，坤为地，后宫三大殿仍居天（乾清）、地（坤宁）之间。

皇宫中除按先天八卦方位建筑外，按《周易》后天八卦方位设计和命名的。后天八卦方位为：坎北、离南、震东、兑西、乾西北、坤西南、艮东北、巽东南。例如皇宫四宫门：南门午门，午为离、为火，北为玄武门（神武门），玄即黑，水为黑，玄武即北方坎水之位；东门东华门，东为震、为木，西为西华门，西为兑、为金。从皇宫的南门午火，北门玄武可看出皇宫四宫门是按后天八卦方位排列和命名的。

明十三陵，位于北京西郊昌平县北 5 公里处，自公元 1409 年开始修建长陵，至 1644 年明朝灭亡，十三陵的营造工程历经 200 余年。明朝的 12 位皇帝陆续葬在这里，共建造 13 座陵园。

整个陵区方圆达 100 多平方公里，从山势看，东、西、北三面群山耸立，背面背靠雄伟绵长的天寿山，东有蟒山，西有虎峪山，前有凤山，后有黄花镇山，正南开口处东西两端，又有两座小山：龙山和虎山，相势而立形成虎踞龙盘之势，正是“前朱雀，后玄武，左青龙，右白虎”天人合一，灵秀天成。

陵园的宫门建在两山之间，宫门内是一片宽阔的盆地，温榆河从西北蜿蜒流来。十三陵地区正是风水学上最上乘的风水宝地，既有山川汇聚的龙脉气魄，又有藏风得水的龙穴格局，更有山势如屏，易守难攻，是北京的天然屏障。

其实，早期的风水学家往往是兼天文学家、地理学家于一身，有些还是高官厚禄者。而多数实际情况是天文学家、地理学家兼习或精通堪舆风水。所以，这对像建造帝都等这样的建筑自然就落实在他们的身上了。正因为如此，我们现在才能都看到这些优秀的古建筑，比如明十三陵、清东陵等的环境和建筑格局已经达到了极高的艺术境界，成为了今日的旅游胜地。

现代的设计运用可以以北京东单的东方广场为例：

该广场的设计公司是巴马丹拿。在建筑设计上完全体现了中国风水文化中的传统四合院概念。“城中城”的东方广场，在规划上左右对称而动静相宜。居于高阶之上的半弧形建筑是名为“北京东方君悦”的一座大酒店，居其前而倍感宏大与雄伟，往长安街则颇有君临天下之感觉。就连酒店的弧形设计也是吸取了风水文化中的“龙虎砂”概念，造成了酒店前面的明堂，酒店的气势使人站在该建筑前，有君临天下的感觉。而楼群设计成内圆外方，吸取的是“天圆地方”的概念。天圆表示地动，地方表示静。正是闹中取静之意。另外水景设计既调节了东方广场的小气候，又为商务楼增添了生机与活力。

现代运用的例子还有很多，比之古代的风水师，现代的建筑师更是聚理论与实践于一身。

三、科学风水原则

中国风水学是中国传统文化重要组成的一部分，是关于中国的地质、地文、水文、日照、风向、气候、气象、建筑、景观等研究综合环境的一门科学。

凡是科学性的理论，都具有自身的一套理论原则。堪舆学，在长期发展过程中，结合相关科学学科，与其他相关学科交叉渗透，具有了我国古代哲理、美学、心理、地质、地理、生态、景观等诸方面的丰富内涵。在进行具体的最佳地理位置选择和布置实践中，总结出一系列的科学风水原则。

首先便是整体系统性。中国风水学的核心内容是天、地、人合一，宇宙万事万物以人为中心，形成一个系统。而在这个大系统里面，环境是其中的一个整体系统，而每一个整体系统都是相互联系、相互制约、相互依存、相互对立、相互转化的要素。“堪天”、“舆地”、“人和”，风水学的功能就是要宏观地把握各子系统之间的关系，优化结构，寻求三者合一的和谐。研究的目的正是，探求建筑的择地、方位、布局与天道自然、人类命运的协调关系。

具体说，住宅和周围的环境是点与面的关系，只有点面和谐，才能使“得山川之灵气，受日月之精华”。

其次就是因地制宜。这很好理解，所谓因地制宜就是要根据客观性的环境，采取适宜于自然的、理想的生活方式。风水学的真谛“天人合一”，说的正是要使人与建筑适宜于自然，相辅相成。

第三是依山傍水的原则。这就具体到选址的

问题了。风水的最基本的原则之一便是建筑要背靠山、前临水。山体是大地的骨架，水域是万物生机之源泉。有山有水才有发展，才是好的居所处。

依山可以防止水涝，并取得丰富的生活资源；傍水有利于灌溉、洗涤，还有食用。现代城市选址中比较好的有，三面环山一面临水的昆明和青岛，群山环抱的乌鲁木齐和兰州。

第四是要观形察势。堪舆，正是对地理环境的观形察势，当然这里指的对某一处的地形地貌等的观察。具体到该地方的水源、气候、物产、地质等。想要有完美的宅地建筑，首先要求的就是建筑地的形势完美。大到一座城市的建设，小到一户居民楼，都是如此。

第五，毫无疑问是要对地质进行检测。现代科学证明地质对人体的重要性甚至决定人的体质，古代即有风水师亲自尝食泥土来检验地质的经验。当然了，到今天我们把泥土标本拿到实验室一化验就可以出来结果了。优良的适合人体居住的地质除了泥土，水质也是最重要的。所以下面讲到的第六个原则就是水质的检验分析。

水质的优劣在古代可能只能知道是否适宜饮用，不会造成人体的伤害，也是一个泛泛的检验结果。到今天，除了人为的污染地下水，使得水质发生变化而不能使用，还有对身体有很大作用的微量元素和化合物的检测。

第七条原则是具体建筑的朝向，即坐南朝北。中国处于北半球，大部分陆地位于北回归线以北，所以一年四季中的阳光都是由南方射入。因此建筑物尤其是住宅的最佳方向为南向，其次为东向，然后是西向、北向。建筑成朝南的房子采光便会很好，夏天避开炎阳，冬天则取暖杀菌。而坐北很明显是为了抵御北方来的寒冷空气。所以建筑师在设计特别是居住房子的朝向的时候，几乎都会遵循这个原则。

但是这里说的南向，并非绝对朝南，还包括南偏东、南偏西等朝向。风水上有俗语：“大门朝南，子孙不寒；大门朝北，子孙受罪。”还是有几番道理的。

第八是适中居中原则。这是一个很中庸的美学，讲究恰到好处。另外要求突出中心，布局整齐，附加设施紧紧围绕轴心。建筑物设有一条中轴线，中轴线与地球的经线平行，向南北延伸。中轴线的北端最好是横行的山脉，形成丁字型组合，南端最好有宽敞的明堂（平原）中轴线的东西两边有建筑物簇拥，还有弯曲的河流。这个代表性建筑有明清时期的帝陵，和清代的园林。

在早期风水学上这个原则称为“点穴”。发展到现在就不仅是点穴这么简单了，如今加上了更多的追求，比如结构优美等。建筑物注重匀称而井然有序。像后来修建的长安城、北京城等，都是以结构工整而显示出庄严伟岸。

第九条原则是顺乘生气。什么叫顺乘生气？在风水上讲求的就是建筑物要选址在有生气的地方。风水理论中，万事万物都是气的变化，有气则生，无气则亡。而气是万物的本源，太极即气，一气积而生两仪，一生三而五行具，土得之于气，水得之于气，人得之于气，气感而应，万物莫不得于气。

要是就住宅等小范围的建筑物来说，就是绿化环境。风水学主张：“广陌局散，非有护障不足以护生机；山谷风重，非有护障不足以御寒气。草木繁盛则生气旺盛，护荫地脉，斯为富贵坦局。”

春秋战国时代即有培育风水林的习俗。既美化了环境又保护了环境。风水林种成后，受到保护，不能随便砍伐。现在的环境绿化、城市绿化、景区绿化，可以说是风水林的延续。

第十是改造风水。《周易》有曰：“已日乃孚，革而信之。文明以说，大亨以正，革而当，其悔乃亡。天地革而四时成，汤武革命，顺乎天而应乎人。革之时义大矣。”革就是改造。可见人类在开始认识世界的时候，就有了改造世界为自己服务的理念。如今的生存条件越来越好，本应该越来越好的环境却事与愿违，所以如今的“革”需要科学地革，达到天、地、人三才合一的“革”。

当然，以上的科学风水原则只是一些基本原则，随着人们对风水的认识、学习、以及研究，会有越来越科学化的原则顺应时代发展与传承。

第三章 中国风水中的天、地、人

“太极生两仪，两仪生四象，四象生八卦，八卦重叠成六十四卦”。太极即原始状态，两仪即天、地，四象即四季气象；称太阳、太阴、少阳、少阴，八卦即八个方位，源自易经哲理，即宇宙万事万物，信息同源，程序相同，节奏相应。这就是天、地、人合一。

中国风水理论正是以消长理论，配合天之宇宙、地之环境及人之居所与时之元运盛衰，解释万物有度而不渝，以此来避免灾祸得到幸福。

风水，顾名思义，“风”指的是元气和场能，“水”则指的是流动和变化。“风水”本为相地之术，即临场校察地理的方法，也叫地相，古称堪舆术，是一种研究环境与宇宙规律的哲学，认为人既然是自然的一部分，自然也是人的一部分，只有达到“天人合一”才是最高境界。所以，风水的核心思想是人与大自然的和谐。

一、中国风水“术”

我们了解风水，必定要从中国古代的风水理论开始。在中国的传统风水中，常常会使用一些术语，或者说一些概念。这些概念性的名词如果不熟悉，在理解风水的时候可能会令人迷惑。当然，这些概念性的名词可能在表述上会令人不悦，因为它们沿用的还是古代时候的说法，比如吉凶、祸福的概念，在现代的运用中已经摒弃了这些概念所代表的的含义，对其有了更科学的表述，但是在此我们还是以此为蓝本，是为了更贴近古人的智慧。所以，还期望读者能够了解。另外，对这些基本东西的了解也是必要的，这对学习风水会更快速，对风水的了解也会更深刻。

1. 地理五诀

龙：山脉的走向，地理大环境的形势。

穴：选择的地方。

砂：土质。

水：江河湖海，水源。

向：气、阳光等。

2. 九星

九星是风水中一个很重要的概念。但是，因为出现的年代太早，九星名字的来源，今天已经不是很清楚。今天人们熟悉的，只有九星的名字，九星的功用。

九星，就是北斗七星加上左辅右弼二星。第一星，贪狼星，北斗七星第一星天枢；第二星，巨门星，北斗七星第二星天璇；第三星，禄存星，北斗七星第三星天玑；第四星，文曲星，北斗七星第四星天权；第五星，廉贞星，北斗七星第五星玉衡；第六星，武曲星，北斗七星第六星开阳；第七星，破军星，北斗七星第七星瑶光；第八星，左辅星，洞明星；第九星，右弼星，隐元星。北斗七星七现二隐，洞明星和隐元星分别是第八星和第九星。

一白贪狼，吉星。主管运吉事添丁。

二黑巨门，凶星。主生病开刀疾病。病符星。

三碧禄存，凶星。主斗争盗匪诉讼。是非星。

四绿文曲，吉凶星。主文举才华贵人。

五黄廉贞，凶星。主重病到财意外。主凶星。

六白武曲，吉星。主旺财添丁武举。官运星。

七赤破军，凶星。主盗杀败财诉讼。

八白左辅，吉星。主添丁望财名气。财位星。

九紫右弼，吉凶星。主喜气败财火光。

一、六、八为三白，是大吉星。四绿、九紫是次吉星。二黑五黄是大凶星，三碧七赤是次凶星。

3. 二十四山

在风水中，方位远远比东、西、南、北 4 个方向复杂，即使再加上东南、东北、西南、西北 4 个方向也不够用。风水学使用的方位足足有 24 个，以此来代表二十四山龙脉的朝向。所以，自古至今传下来的风水罗盘，都用二十四山龙脉来表示方位。

罗盘上最初的方位，是由十二地支，子、丑、寅、卯、辰、巳、午、未、申、酉、戌、亥，代表的方位。按顺时针方向，方位主要是：子指向的方位是正北方，卯指向的方位是正东方，午指向的方位是正南方，酉指向的方位是正西方。

按照我们中国传统的方位标示方法，罗盘的上方是南方，而不是西式的北方。我们中国过去的地图，一向都是以南方为上方，总体方位是上南下北左东右西。

罗盘二十四山方位，是在十二地支代表的 12 个方向上，再细分为 24 个方向。

十天干，在罗盘二十四山方位中，甲、乙、丙、丁、庚、辛、壬、癸代表八个新的方位，戊己因为代表着五黄中央土，所以写在罗盘的中央。

二十四山方位现在已经有了 20 个。

在后天八卦中，代表东北方的艮，代表东南方的巽，代表西南方的坤，代表西北方的乾，这四个卦象就是罗盘二十四山方位的最后 4 个方位代表。

总结一下，二十四山方位分别是：甲、卯、乙；辰、巽、巳；丙、午、丁；未、坤、申；庚、酉、辛；戌、乾、亥；壬、子、癸；丑、艮、寅。

在罗盘上，二十四山又分别由八个卦象代表。

也就是说，八卦的每一卦，在二十四山方位中，都需要管3个山。乾卦管戌、乾、亥3山，坎卦管壬、子、癸3山，艮卦管丑、艮、寅3山，震卦管甲、卯、乙3山，巽卦管辰、巽、巳3山，离卦管丙、午、丁3山，坤卦管未、坤、申3山，兑卦管庚、酉、辛3山。

下面这种格式看得更清楚一点。

正北，坎卦：代表壬、子、癸3山。

东北，艮卦：代表丑、艮、寅3山。

正东，震卦：代表甲、卯、乙3山。

东南，巽卦：代表辰、巽、巳3山。

正南，离卦：代表丙、午、丁3山。

西南，坤卦：代表未、坤、申3山。

正西，兑卦：代表庚、酉、辛3山。

西北，乾卦：代表戌、乾、亥3山。

在风水罗盘上，每一卦的主山有8个方位：“卯”代表东方，“午”代表南方，“酉”代表西方，“子”代表北方，“巽”代表正东南方，“坤”代表正西南方，“乾”代表正西北方，“艮”代表正东北方。

主山的两边，则偏向另一方位。比如说，

“辰、巽、巳”属于东南方位，“巽”是正东南方位，因为“辰”在东南方位之中偏向东方，所以称之为东南偏东，因为“巳”在东南方位之中偏向南方，所以称之为东南偏南。

二十四山的测定，需要使用专业的风水罗盘。罗盘是每一个风水师都必不可少的最重要的工具。

罗盘的学名是罗经，始创自五千年前的黄帝时代。经过历代前贤的丰富，按照易经和河图洛书的原理，参照日月五星七政和天象星宿运行的原则，考察地球上的山川河流，平原波浪起伏的形态，最终加以修正改良制造而成。

罗盘的最基本作用就是确定方向。在用于测定方位和勘察地形的时候，一般称之为“罗盘”或者“罗庚”，很少有人称之为“罗经”。

风水上使用的罗盘有很多种类，常用的有三元盘、三合盘、三元三合两用盘、易盘、玄空盘以及各门各派所用的独特罗盘。不管是哪一门哪一派的罗盘，中间都必定有一层刻画着二十四山方位，从北方开始依次排列，分别是：壬子癸、丑艮寅、甲卯乙、辰巽巳、丙午丁、未坤申、庚酉辛、戌乾亥，共计24个方位。

罗盘与指针相对的度数如下：

巽	离	坤
东南	正南	西南
辰 112. 6 - 127. 5	丙 157. 6 - 172. 5	未 202. 6 - 217. 5
巽 127. 6 - 142. 5	午 172. 6 - 187. 5	坤 217. 6 - 232. 5
巳 142. 6 - 157. 5	丁 187. 6 - 202. 5	申 232. 6 - 247. 5
四 绿	九 紫	二 黑
震		兑
正东		正西
甲 67. 6 - 82. 5		庚 247. 6 - 262. 5
卯 82. 6 - 97. 5		酉 262. 6 - 277. 5
乙 97. 6 - 112. 5		辛 277. 6 - 292. 5
三 碧	七 赤	
艮	坎	乾
东北	正北	西北
丑 22. 6 - 37. 5	壬 337. 6 - 352. 5	戌 292. 6 - 307. 5
艮 37. 6 - 52. 5	子 352. 6 -7. 5	乾 307. 6 - 322. 5
寅 52. 6 - 67. 5	癸 7. 6 -22. 5	亥 322. 6 - 337. 5
八 白	一 白	六 白

知道二十四山的方位之后，找到屋内的立极

点，在立极点放射出二十四山方位的线，就可以确定屋内二十四山的具体方位。画放射线的时候，可以用立极规辅助。

4. 三元九运

元，也可以称为元运。

三元，是上元、中元、下元三元的统称。一元180年，共3个60花甲之数，上、中、下三元共计540年，完整的三元又称为一个大元，也就是我们常说的大三元。

和大三元对应的，还有小三元。一个小元运是大三元的一元，也就是180年。小三元也可以分为上、中、下三元，小三元的一元是60年。小三元的180年还可以分为9小运，以20年为一个单位，以甲子为起始。

上元甲子60年管一、二、三运，即甲子甲戌20年为上元一运，坎卦管运，称一白运。甲申甲午20年为上元二运，坤卦管运，称二黑运。甲辰甲寅20年为上元三运，震卦管运，称三碧运。

转入中元，甲子甲戌20年为中元四运，巽卦管运，称四绿运：中元之五运的甲申至癸巳10年仍属巽卦管运，甲午至癸卯的 10 年又属乾卦管运，称五黄运：甲辰甲寅 20 年为中元六运，乾卦管运，称六白运。

转入下元，甲子甲戌 20 年为下元七运，兑卦管运，称七赤运：甲申甲午 20 年为下元八运，艮卦管运，称八白运：甲辰甲寅 20 年为下元九运，离卦管运，称九紫运。

一、六、八三白，大吉。四绿、九紫，次吉。二黑五黄，大凶。三碧七赤，次凶。

以元运论吉凶的风水，当元当运称之为适时当令，乘时修造必定大吉，定然大发。失去元运为失令，失时，此时修造将为祸为凶。

求出元运之后，将二十四山也分为三元，即天、人、地三元。同时，分出阴阳，即天元八卦，子、午、卯、酉为阴，乾、坤、艮、巽为阳；人元八卦，乙、辛、丁、癸为阴，寅、申、巳、亥为阳；地元八卦，辰、戌、丑、未为阴，甲、庚、丙、壬为阳。

二十四山衰旺定出，在选择年、月、日、时四柱时，按三元之法挨排九星，找出入中之星，按节气之令分阴阳顺逆而行，挨出所用之山向的时令，即可达到时间与空间的完美结合，可以此趋吉避凶。

5. 紫白

年紫白

三元九运每元各20年，在此20年中的每一年，天体的运行位置都各不相同，对地球的反照也都不同，其人和事的吉凶当然也就不同，应验的结果大有区别。在20年中，九星轮3次运照地球，除五黄外共计24年，再减父母三般以正三元，余21位，加上黄金岁差与磁偏角计20年左右。因为阴阳宅是注重空间和时间关系的学问，气流吉凶随时都在变化，所以年紫白飞星对于风水的吉凶变化具有很大的影响。在判断风水每年的吉凶之时，就必须运用年紫白飞星盘。

上元甲子年是由一白开始的，是顺飞，年逆数。玄空风水最注重元运，三元九运。1元又分3个运，每运共计20年，每元共180年，三元分为上元、中元、下元。年紫白口诀是上元一、四、七，也就是上元一运第一年甲子开始由一白入中逆去，中元甲子年则由四绿入中宫逆去，下元甲子年则由七赤入中宫逆去。

上元	中元	下元	流年						
一白	四绿	七赤	甲子	癸酉	壬午	辛卯	庚子	己酉	戊午
九紫	三碧	六白	乙丑	甲戌	癸未	壬辰	辛丑	庚戌	己未
八白	二黑	五黄	丙寅	乙亥	甲申	癸巳	壬寅	辛亥	庚申
七赤	一白	四绿	丁卯	丙子	乙酉	甲午	癸卯	壬子	辛酉
六白	九紫	三碧	戊辰	丁丑	丙戌	乙未	甲辰	癸丑	壬戌
五黄	八白	二黑	己巳	戊寅	丁亥	丙申	乙巳	甲寅	癸亥
四绿	七赤	一白	庚午	己卯	戊子	丁酉	丙午	乙卯	
三碧	六白	九紫	辛未	庚辰	己丑	戊戌	丁未	丙辰	
二黑	五黄	八白	壬申	辛巳	庚寅	己亥	戊申	丁巳	

月紫白

在每年的流行元气运行中，每年十二个月的运行又各有不同。每一个月，都会有一颗星入中宫，主宰这一个月的生煞之气。古书有云：“旺年八白中宫得，墓年五黄生年黑，逐月星逆宫顺去，一周之内可推测。”也就是说月紫白，在地旺之年用八白入中宫，在四墓之年由五黄入中宫，在四生之年由二黑入中宫。每月地星逆去，而每宫则顺飞。

月紫白是逐月流行之气，不分上中下三元，均依此法类推。凡年月紫白五黄所到之方，均忌开山立向修方，切不可犯之，犯者诸事不利。此外，九星有吉有凶，配合地理形式和玄空飞星，定其生死旺衰，五行生克，吉凶定判。

	子午卯酉年	辰戌丑未年	寅申巳亥年
正月	八白	五黄	二黑
二月	七赤	四绿	一白
三月	六白	三碧	九紫
四月	五黄	二黑	八白
五月	四绿	一白	七赤
六月	三碧	九紫	六白
七月	二黑	八白	五黄
八月	一白	七赤	四绿
九月	九紫	六白	三碧
十月	八白	五黄	二黑
冬月	七赤	四绿	一白
腊月	六白	三碧	九紫

日紫白

在每月的气运中，每日的气运又各不相同，

每天都有一颗星入中、飞布，影响这一天的气运。风水最注重气流生克制化的关系，所以，我们必须掌握和运用每时的气运来对风水进行最佳的布局。

大家都知道，地球绕太阳运行一周，需要的时间刚好是一年。在运时将出现两个波峰，古时称二仪，也就是阴极与阳极之点，在二十四节气候中称为“冬至与夏至”，而每日之飞星时由此二点决定顺与逆，也就是从冬至的那天起，其每天的入中之星顺行，从夏至的那天起，每日的入中之星逆行。

	冬至至立春	雨水至清明	谷雨至芒种	夏至至立秋	处暑至寒露	霜降至大雪		冬至至立春	雨水至清明	谷雨至芒种	夏至至立秋	处暑至寒露	霜降至大雪
甲子	一白	七赤	四绿	九紫	三碧	六白	甲午	四绿	一白	七赤	六白	九紫	三碧
乙丑	二黄	八白	五黄	八白	二黄	五黄	乙未	五黄	二黄	八白	五黄	八白	二黄
丙寅	三碧	九紫	六白	七赤	一白	四绿	丙申	六白	三碧	九紫	四绿	七赤	一白
丁卯	四绿	一白	七赤	六白	九紫	三碧	丁酉	七赤	四绿	一白	三碧	六白	九紫
戊辰	五黄	二黄	八白	五黄	八白	二黄	戊戌	八白	五黄	二黄	二黄	五黄	八白
己巳	六白	三碧	九紫	四绿	七赤	一白	己亥	九紫	六白	三碧	一白	四绿	七赤
庚午	七赤	四绿	一白	三碧	六白	九紫	庚子	一白	七赤	四绿	九紫	三碧	六白

	冬至至立春	雨水至清明	谷雨至芒种	夏至至立秋	处暑至寒露	霜降至大雪		冬至至立春	雨水至清明	谷雨至芒种	夏至至立秋	处暑至寒露	霜降至大雪
辛未	八白	五黄	二黄	二黄	五黄	八白	辛丑	二黄	八白	五黄	八白	二黄	五黄
壬申	九紫	六白	三碧	一白	四绿	七赤	壬寅	三碧	九紫	六白	七赤	一白	四绿
癸酉	一白	七赤	四绿	九紫	三碧	六白	癸卯	四绿	一白	七赤	六白	九紫	三碧
甲戌	二黄	八白	五黄	八白	二黄	五黄	甲辰	五黄	二黄	八白	五黄	八白	二黄
乙亥	三碧	九紫	六白	七赤	一白	四绿	乙巳	六白	三碧	九紫	四绿	七赤	一白
丙子	四绿	一白	七赤	六白	九紫	三碧	丙午	七赤	四绿	一白	三碧	六白	九紫
丁丑	五黄	二黄	八白	五黄	八白	二黄	丁未	八白	五黄	二黄	二黄	五黄	八白
戊寅	六白	三碧	九紫	四绿	七赤	一白	戊申	九紫	六白	三碧	一白	四绿	七赤
己卯	七赤	四绿	一白	三碧	六白	九紫	己酉	一白	七赤	四绿	九紫	三碧	六白
庚辰	八白	五黄	二黄	二黄	五黄	八白	庚戌	二黄	八白	五黄	八白	二黄	五黄
辛巳	九紫	六白	三碧	一白	四绿	七赤	辛亥	三碧	九紫	六白	七赤	一白	四绿
壬午	一白	七赤	四绿	九紫	三碧	六白	壬子	四绿	一白	七赤	六白	九紫	三碧
癸未	二黄	八白	五黄	八白	二黄	五黄	癸丑	五黄	二黄	八白	五黄	八白	二黄
甲申	三碧	九紫	六白	七赤	一白	四绿	甲寅	六白	三碧	九紫	四绿	七赤	一白
乙酉	四绿	一白	七赤	六白	九紫	三碧	乙卯	七赤	四绿	一白	三碧	六白	九紫
丙戌	五黄	二黄	八白	五黄	八白	二黄	丙辰	八白	五黄	二黄	二黄	五黄	八白
丁亥	六白	三碧	九紫	四绿	七赤	一白	丁巳	九紫	六白	三碧	一白	四绿	七赤
戊子	七赤	四绿	一白	三碧	六白	九紫	戊午	一白	七赤	四绿	九紫	三碧	六白
己丑	八白	五黄	二黄	二黄	五黄	八白	己未	二黄	八白	五黄	八白	二黄	五黄
庚寅	九紫	六白	三碧	一白	四绿	七赤	庚申	三碧	九紫	六白	七赤	一白	四绿

	冬至至立春	雨水至清明	谷雨至芒种	夏至至立秋	处暑至寒露	霜降至大雪		冬至至立春	雨水至清明	谷雨至芒种	夏至至立秋	处暑至寒露	霜降至大雪
辛卯	一白	七赤	四绿	九紫	三碧	六白	辛酉	四绿	一白	七赤	六白	九紫	三碧
壬辰	二黄	八白	五黄	八白	二黄	五黄	壬戌	五黄	二黄	八白	五黄	八白	二黄
癸巳	三碧	九紫	六白	七赤	一白	四绿	癸亥	六白	三碧	九紫	四绿	七赤	一白

时紫白

将十二地支分成3组，由节气分顺逆飞，即以冬至和夏至顺逆入中，冬至后子日子时顺局，以一白入中顺飞八方，丑时则二黑入中顺飞八方，其余尽皆如此。夏至后子日子时为逆局，以九紫入中顺飞八方，丑时则由八白入中顺飞八方，其余尽皆如此。

子午卯酉日	冬至后	子一	丑二	寅三	卯四	辰五	巳六
		午七	未八	申九	酉一	戌二	亥三
	夏至后	子九	丑八	寅七	卯六	辰五	巳四
		午三	未二	申一	酉九	戌八	亥七
寅申巳亥日	冬至后	子七	丑八	寅九	卯一	辰二	巳三
		午四	未五	申六	酉七	戌八	亥九
	夏至后	子三	丑二	寅一	卯九	辰八	巳七
		午六	未五	申四	酉三	戌二	亥一

辰戌丑未日	冬至后	子四	丑五	寅六	卯七	辰八	巳九
		午一	未二	申三	酉四	戌五	亥六
	夏至后	子六	丑五	寅四	卯三	辰二	巳一
		午九	未八	申七	酉六	戌五	亥四

6. 杨公盘

杨盘之式，四正为阴，即子、午、卯、酉；四维之左阳，即乾、坤、艮、巽。乾、坤、艮、巽、子、午、卯、酉为天元，甲、丙、庚、壬、辰、戌、丑、未为地元，乙、辛、丁、癸、寅、申、巳、亥为人元。天元为父母，人元为顺子，地元为逆子。故天元可兼地元，人元可兼天元。

龙盘在天卦，坐山向首，水来去二口亦在天元之位方为合卦。坐向水有一不在此位上即是出卦，人、地两元俱同。

收山出煞，唯有此三卦之妙用。此三卦即收得山来，出在煞去。不用此三卦即收不得山来亦出不得煞去。是三卦已积千变万化之妙。

乾坤艮巽之山向，要子午卯酉之水；子午卯酉之山向，要乾坤艮巽之水；乙辛丁癸之山向，要寅申巳亥来去之水。寅申巳亥之山向，要乙辛丁癸来去之水；甲庚丙壬之山向，要辰戌丑未来去之水；辰戌丑未之山向，要甲庚丙壬来去之水。

乾坤艮巽兼寅申巳亥之山向，要乙辛丁癸来去水，不得子午卯酉来去水，得到乙辛丁癸来去水也可用。

子午卯酉兼乙辛丁癸之山向，不得乾坤艮巽来去水，得到寅申巳亥来去水也可用。地元卦水神俱不可在天元、人元。

干向支水，支向干水，方合杨公盘挨兼之法。

子午卯酉可兼乙辛丁癸，乙辛丁癸不可兼子午卯酉。乾坤艮巽可兼寅申巳亥，寅申巳亥不可兼乾坤艮巽。甲庚丙壬辰戌丑未为独立之卦，兼左为阳差阴错，兼右为出卦为煞。

用穿山透地诀、穿山格坐穴、透地格龙位，魄是体，魂是用，穿山是魂相亲者阴鬼化阳神，若是魂魄不相就，虽得城不相亲。相亲者即相合也。穿山者坐山也，透地者格龙入首也。魂就魄者入首合向、向合水也。即《天玉经》所云“龙要合向要水，水合三吉位”之道。

7. 挨星

挨星，这个概念大概出现在唐朝，是唐僖宗朝的国师杨筠松发明的一个名词。杨筠松是一位风水名家、风水大家，人称杨公。杨公筠松以地理风水行于世，使诸多贫者得以致富，所以，世人也称他为救贫先生，后人因此也称他为杨救贫。

杨筠松在长期的风水实践中发现，古代流传下来的风水秘术存在很多缺点，而且理论体系粗糙。于是，他凭借自己深厚的风水知识和丰富的实践经验，创造了七十二龙，将这七十二龙排列在地盘二十四山的外一层，紧靠地盘二十四山盘层，取名为“挨星”。七十二挨星的出现，迅速解决了古代风水粗糙的缺点，让风水理论更加具有实用性，在使用中也更加有效。

挨星的挨，是紧靠、靠近的意思。七十二龙，分别属于金、木、水、火四大局。因为金木水火本来是星名，所以七十二龙就被称为“挨星”

总的来说，挨星就是通过某种推算的方法，把九星分布到各个方位之上，然后再看生旺之星在什么方位，衰死之星在什么方位，由此判断龙向山水的吉凶。

阳宅挨星口诀：

甲癸申贪狼一路行，坤壬乙巨门从头出。

子未卯三碧禄存到，戌乾巳四绿文曲照。

辰巽亥六白武曲位，艮丙辛七赤是破军。

寅庚丁八白左辅应，午酉丑九紫右弼星。

阴宅挨星口诀：

甲癸申七赤用，坤壬乙左辅星。

子未卯九紫到，戌乾巳一白行。

辰巽亥三碧位，艮丙辛四绿出。

寅庚丁五黄应，午酉丑六白星。

十二阳龙位：乾、亥、壬、艮、寅、甲、巽、巳、丙、坤、申、庚，如迁天阳气到顺行，迁天阴气到则逆行。

十二阴龙位：子、癸、丑、卯、乙、辰、午、丁、未、酉、辛、戌，若迁天阳气到用逆排，迁天阴气到则顺行。

上元以贪、巨、禄、文为吉星，以武、破、辅、弼为凶星。上元以武、破、辅、弼为吉水，以坎、坤、震、巽为凶水。

上元以巨、文、武、破为吉星，以辅、弼、

贪、禄为凶星。中元甲、申前十年以乾、艮、离水为吉，后 10 年以巽、坤、震水为吉。

下元以武、破、辅、弼为吉星，以贪、巨、禄、文为凶星。下元以坎、坤、震、巽为吉水，以离、艮、兑、乾为凶水。

上元甲子甲戌 20 年以壬子癸、庚酉辛、未坤申、甲卯乙为阳神，收得吉为顺起之局。以丑艮寅、丙午丁、丑艮寅为阴煞，收来凶为逆起之局。

上元甲辰甲寅 20 年以甲卯乙、辰巽巳、丙午丁、丑艮寅、未坤申为阳神，收得吉为顺起之局。以庚酉辛、戌乾亥为阴煞，收来凶为逆起之局。

上元甲子甲戌 20 年以辰巽巳、未坤申、庚酉辛、甲卯乙为阳神，收得吉水顺起之局。以丑庚寅、戌乾亥、壬子癸、丙午丁为阴煞，收来凶为逆起之局。

中元甲申 10 年以未坤申、辰巽巳、壬子癸、甲卯乙为阳神，收得吉为顺起之局。以丑艮寅、丙午丁、戌乾亥、庚酉辛为阴煞，收来凶为逆起之局。

中元甲午 10 年以未坤申、戌乾亥、庚酉辛、丙午丁为阳神，收得吉为顺起之局。以丑艮寅、壬子癸、辰巽巳、甲卯乙为阴煞，收来凶为逆起之局。

下元甲子甲戌20年以庚酉辛、戌乾亥、壬子癸、辰巽巳为阳神，收得吉为顺起之局。以八艮九紫俱吉，以甲卯乙、未坤申为阴煞，收来凶为逆起之局。

下元甲辰甲寅20年以丙午丁、戌乾亥、甲卯乙为阳神，收得吉为顺起之局。以壬子癸、辰巽巳、未坤申为阴煞，收来凶为逆起之局。

下元甲子以兑、艮、离为主运吉气，以六、七、八、九为主运吉星，以四、三、二、一为主运吉水，甲子甲戌20年内得庚酉辛、戌乾亥、丑艮寅、丙午丁气，到穴到宅为收得阳神，定与阳顺阴逆二十四局，以甲卯乙、辰巽巳、未坤申、壬子癸水。

8. “吉凶”判断

以二十四山天干地支来判断事件发生于何年。以地支而言，主要有四种判断方式。

(1) 当宫方。不论峦头或理气，看吉凶之象出现在哪一个地支方位上，当时间走到该地支所属年份时，此吉或凶的事件就会发生。

（2）三合方。以二十四山而言，相隔八位即构成三合状态，如果以圆周角度来看，相距 120 度就是三合。十二地支的三合情形为：申、子、辰三合，亥、卯、未三合，寅、午、戌三合，巳、酉、丑三合。当地支走到三合之年份时可能会发生吉凶之事。吉象会发生吉利的事，凶象就会发生灾祸之事。

（3）对冲方。相隔 180 度面对面相望的位置，又称为“相冲”。十二地支的相冲关系为：子、午相冲，丑、未相冲，寅、申相冲，卯、酉相冲，辰、戌相冲，巳、亥相冲。当某方有吉凶之象出现时，走到与该方位相冲的年份时就有可能出事。凶象就会有凶事，吉象就会发生吉利的事。

（4）相刑方。与某一地支方位相隔 90 度的其它地支，就称为“相刑”。某地支方位上有吉凶之象，当走到与该地支相刑的地支年份时，就很可能会发生吉或凶的事项。十二地支的相刑关系为：子卯、子酉为相刑；丑辰、丑戌为相刑；寅巳、寅亥为相刑；卯子、卯午为相刑；辰丑、辰未为相刑；巳寅、巳申为相刑；午卯、午酉为相刑；未辰、未戌为相刑；申巳、申亥为相刑；酉子、酉午为相刑；戌丑、戌未为相刑；亥寅、亥申为相刑。

以二十四山的天干来看，一定是夹在两个地支中间，所以天干在时间的判断上，就跟前后两个地支都有关系。当某个天干的方位上有吉或凶的现象出现时，其吉凶事件可能发生的时间，就是从前一个地支年份的下半年，到后一个地支年份的上半年之间这段期间。

二十四山除了 12 个地支、8 个天干之外，还有乾、坤、艮、巽等四个卦分布于四个角落上。这四个卦也是各自夹在前后两个地支之间，四维卦的判断和天干的情况一样。

9. 风水的水法

风水实践中最主要的是水法。所谓水法就是调整建筑物朝向与流水之间的关系，使之处于水的最佳位置，现代风水中的“水”则泛指一切流动的气场，如道路、水管等。

《自然水法歌》描述说：

水法最多难尽述。略举大纲释迷惑。世传卦

例千数家。彼吉此凶行不得。

自然水法君须记。无非屈曲有情意。来不欲冲去不直。横不欲反斜不急。

横须遶抱及湾环。来则之元去屈曲。澄清渟畜甚为佳。倾泻急流何有益。

八字分开男女淫。川流三派业将倾。急泻急流财不聚。直来直去损人丁。

左射长男必遭殃。右射幼子受灾伤。若还水从中心射。中房之子命难长。

扫却罗城子息少。冲心射胁孤兼寡。反跳人离及退财。卷簾填房与入赘。

澄清出人多俊秀。污浊生子多愚钝。大江汪洋朝万顷。暗扶爵禄食五鼎。

池湖凝聚卿相职。汪洋水朝贵无敌。飘飘斜出是桃花。男女荒淫总破家。

生人出入好游荡。终朝吹唱逞奢华。屈曲流来秀水湖。定然金榜有名标。

水如流去无妨碍。财丰亦主官高迈。水法不拘去与来。总须屈曲去仍迴。

三迴五转来顾穴。悠悠眷恋不忍别。何用九星并八卦。生旺死绝皆虚说。

述比一篇其口诀。读者胸中须透彻。莫惑时人卦例言。祸福有无当自别。

风水的基本法则是“山管人丁水管财”，就是说适当的水可以使人发财致富。水能载舟，亦能覆舟，而且风水术对水是有严格要求的，好水可以使人发财，房地产快速增值，而不好的水则可以使人破财，不利之事接连发生。

风水对水的要求与选择一般可以从两个主要方面考虑：

形法，即水的形状，如位于水的冲击口上、弓背上等等；

理气，水要讲究合理，不合理的水要避开，或通过改变建筑结构、门的朝向等充分利用水，化煞为用则更好。当然如果这两点都做不到的话，那就不要让两者同时违背水法，否则水景豪宅反而事故多多。

从风水学上说，水主财，但是水不一定代表发财，它所主的是发财与破财两个方面。好的水法和形象表示发财，不好的水法和形象表示破财。

二、风水中的自然环境

中国传统文化讲求“天、地、人合一”，在风水学上，对自然环境的重视正是其中不可或缺的一个因素。风水学经历了一个发展、完善的过程，这中间，风水学家充分利用了古代地理学和水文学的成果，并大大加以发挥。

对自然地理环境的认识，战国时期就出现了区域性的地理学知识著作《山经》和《禹贡》，及描述水系分布的专著《水经》。前者突出讲了区域地形，把我国山地分为南、西、北、东、中五个走向系统，每个系统中有起首、结尾和伸展方向；后者由“九州”、“导山”、“导水”、和“五服”四部分组成。两书均对山丘进行了系统的归纳和总结，并以山为纲讨论了地域位置、山系、水系、天然动植物和矿产资源等。而《水经》则记述了黄河和长江等137条河流，不仅说明其发源地、流向和归宿，而且较详细地说明了经行之地、主、支流的空间展布和次序。

考虑地理环境，必须要从人与自然的关系说起。人具有自然属性，自然创造了人，环境改造了人，从这个角度来看，人类的历史就是人与自然环境相互作用的历史。环境会影响人，人同样也会影响环境，人类的发生和发展与自然环境密不可分，最实际的就是从自然中攫取物质资源，互相交换。

人类早就认识到人与自然是不可分割的一个整体。“天人合一”，之“天”指的就是自然，后来又有“天、地、人合一”之“天地”毫无疑问是自然。“合一”，正是说两者的根本统一的哲学思想。

因为篇幅的关系，本书只集中阐述与地产相关的风水，并围绕着自然环境的优劣，不涉及点穴之类的环境考察，主要关注什么样的环境适合人的居住，并能更好地工作。

在本书的附录部分，编辑整理了《过路阴阳》经文以及《二十四山向》经文以供参考。

1. 地形形状

在选择一块用来建造房子的土地的时候，地形是一个需要考虑的因素，但并不十分紧要。对于私人居住地来说，因为不需要考虑地面面积的利用率，不需要盖很多的房子，所以地形的影响甚至可以忽略。我们在选好一块地皮之后，就可以对地形进行改造，把地形的形状调整到最佳状态。

至于怎么有效地调整地形，本文会在后面进行详细地解说。在本小节，主要谈一下各种地形的影响。

一般来说，最好的地形，是方方正正的地形。

从风水学上来说，不管建造什么样子的房子，不管建造的房子将来要做什么用途，需要注意的是：方正的地形永远都是最好的地形形状。

在一般风水学的解释上，地形方正，才有利于气的正常流动。

从科学上来说，方正的地形适应性更强。在方正的地形上，可以做出的规划会更多，不需要考虑地形形状的影响，这给建筑规划带来最大可能性的方便，可以得到一个最好效果的建筑设计。

对于方正，不是所有风水师都能有正确理解的。有的风水师就把方正理解为正方形。但是方正真的就是正方形吗？其实不然。

实际考察一下现在还能看到的古建筑，就知

道方正是什么形状了。比如说故宫，从明成祖朱棣修建完成直到现在，故宫的外形一直以来都没有什么大的变化。这说明，在故宫发挥实际作用的近六百年时间里，这种形状得到了其间几乎所有最有成就的风水师的认可。假设故宫的外形有问题，对于明清皇室这种级别的住户，他们完全有能力改变它。而且，故宫曾经发生过几次大火，如果想要或者需要改变，借火后重修之机便能进行改变。但是，六百年间，故宫没有变。

故宫是一个什么样的形状呢，长方形，并非正方形。而且是南北方向的长度长于东西方向长度的长方形。

故宫采用这种形状，是和当时建筑的风尚联系在一起的。在中国古代，即使小型院落型建筑，也讲究进深。作为天下尊贵之极的故宫，是一座九进大型建筑。这个九，就是九五至尊的九，是周易六十四卦第一卦乾卦中最好的爻“九五”的九。

又如北京城的天坛、地坛、日坛、月坛的建筑形象特点。天坛、日坛为圆形，地坛、月坛为方形。为什么这么设计呢？

《周易·说卦》曰："乾为天为圆……坤为地……"《周易·文言》曰："坤至柔而动也刚，至静而德方……"即乾卦代表天象征圆形，坤卦代表地象征方形。古人认为"天圆地方"为了更好的与天地感应，于是就将天坛建成圆形，将地坛建成方形。

《周易·说卦》曰："离也者，明也。万物皆相见，南方之卦也……坎者，水也，正北方之卦也。""离为火为日……为乾卦……"。按照后天八卦方位，离卦为南，坎卦为北，分别与先天八卦的乾坤二卦位相重，因此，日坛与天坛一样建成圆形，而月坛与地坛一样建成方形。

据现存的明朝初年设计的明中京（安徽凤阳）的设计方案，日坛和月坛的祭坛也是方形的，而地坛内祭坛拜台为二层方形建筑，其坛面石头为方形，舞台周围的泽渠的形状亦为方形，拜台周围的两层围墙亦为方形。

那么正方形的地适合用在什么地方呢？从各种现存建筑或者可以找到的记载来看，有些城市确实采用的是正方形。

对于城市来说，尤其是古代城市，一个不得

不考虑的因素是城防，也就是对于外来入侵敌人的防御。出于这种安全上的考虑，城市需要一个中心，然后从中心到各个主要城门的距离差不多。这样，当有危险来临的时候，坐镇城市的中心，可以最快地收到各个方向传来的战报，及时做出决策。

这样来说，圆形也是很合适的选择，但是城市不只是几座建筑，而是一个大型综合体，圆形的城市是很难做出合适的适合生活的规划，而建造城市最初的和主要的目也不是为了防御外敌入侵。但是在乡村，情况就不一样了。乡村有些村落就是要修成圆形的，以最有效的抵御敌人的入侵。比如现在还在福建乡间存在着的圆形土楼，就是这一理念的历史见证。

城市、农村和一般的居家，是完全不同的建筑形态。

一般的民居，采用方形规划的居多，常见的四合院便是很好的例证。不过，四合院采用正方形的设计规划，不是因为宅地是方形，而是四合院一般都是成片地建造，每一户人家占据一块地方。采用方形，可以在一大片区域里更好地分配土地。

对于大户人家来说，一般是选长方形的地块，以便于建造多进深的住宅。在每一进深，一般住宅是遵循正方形设计的原则。这样处理，是为了更好地计算八卦方位，确定建筑的布局和使用安排。标准的，或者说典型的四合院，就是三进四合院，基本相当于三个基本型四合院在南北方向上排成一排而形成。

除了方正的地块，其他形状的地块如果不经过处理，都不是很适合盖房子。

仅从建筑学上来说，丁字形和十字形的地块，在建筑的设计布局上，这两种形状也不太好进行合适的安排。而在人们的潜意识中也会因为形状不是很规则，而导致心理上认为这样的形状是象征着坎坷不平的。

圆形的土地，也不适合建造四平八稳的方形房子。圆是一个封闭的图形，缺乏棱角，没有开合，象征着局限而没有发展。

狭长的或者菱形的土地，也属于不适合建房子的地块。这种地块因为太过狭长和棱角太多，在建筑设计上会受到很多限制，几乎所有的房间布局只能排列在一条线上，没有对称，没有变化，十分不美观。而且，因为地段狭窄，如果发生火灾等，对于逃生是十分不利的。

三角形的地块是一种常见的土地类型。不幸的是，这种土地除了在建筑上和上述的土地形状一样也不适合建房子，在风水概念上，三角形的土地基本属于最不吉利的一种土地形状。

还有一种土地，形状极为不规则，属于不规则多边形，这种形状的土地要根据具体情况来定。如果这种地块在八卦方位上，没有缺少方位，那么是可以使用的。如果缺少的是没有影响或者影响不大的方位，也是可以使用的。因为处理起来麻烦，所以最好还是不要选择这种形状的地块。

对于千姿百态的自然地形，如何利用也因具体形状的不同而异，但总的原则是首先要避开山势陡峭，纹理错乱，生态状况不良地形，及四周高大封闭的地形。这些都是难以改造过来的地形。

当然，对于所有的形状不是很规整的土地来说，并不是一定不能用，而是要看性价比。因为，我们要把这些不规整的土地变成规整的土地，肯定会浪费掉很多的土地面积。如果抛去那些浪费掉的面积，实际可用的土地面积仍然可以满足需要，而且土地的总价除以实际可用的土地面积后得到的单位面积的土地价格，仍然比规整的土地的单位面积价格要低，这块土地就是一块比较合算的地块。

至于处理的方法，可以很简单的处理，也可以很复杂的处理。

很复杂的处理要根据实际的情况来确定，所以在此只讲讲比较简单的处理方法，就是先在地块中划出一个面积最大的长方形。要注意的是，长方形比较短的那条边，一定不能太短，一定要能够满足后期建筑设计的需要。然后，在其余被划出去的那些土地上，种上植物，设计成小花园。只要让这些可能会引起不利的土地没有实际的用处，这块土地的弊端就可以说是被避免了。

在现代建筑的观念和实践中，由于科学技术的发展，各种施工机械的大量投入，使人们可以轻易地改变一个小区的地形，而且简单的方法就是平整地形。但是，这些都是不得已为之的事情，如果一个优秀的建筑师设计师，一开始就能深入分析自然地形特征和建筑内容之间的联系，寻找两者之间的最佳关系，做出建筑和地形相融为一体的方案，从而避免后来的危险。

2. 地势

从风水学的发展来看，早期人们更关注的是外部环境，也就是自然环境。到了后来才更注重内部环境，也就是建筑本身的设计和规划。这应该是和人们的生存条件在文明时代得到了越来越多的改善有关系的。当人们的生存条件变得不那么恶劣的时候，当人们有更强大的力量改造生存的环境的时候，就不再需要太过关注外部环境，就可以将更多的精力关注建筑本身。

在风水实践上的反映，就是后来各种禁忌和信条主要针对的是建筑本身，已经很少再针对自然环境。

在比较早期的时候，在地形地势上，我们以向南、向东为吉，以前低后高为吉，同样的地块以地势高者为吉，而山林中是不吉的。当城市发展起来之后，至少在江南一带，这些规则基本只有建筑地应该前低后高还在起着作用。

明朝在风水学的发展上，是一个至关重要的

朝代。从明朝末年以来，村镇和城市生活环境的重要性已经大大超过了各种自然环境。

今天我们能见到的古代最为壮观的大型建筑，基本上都是明朝留下来的。比如说武当山建筑群，比如说北京故宫，比如说长城。我们今天看到的大部分风水学上的著作，也大部分都是明朝人整理的，甚至有很多是明朝人用前人的名字写的伪作。

如今比明朝发达得多，城市化也比明朝时候要充分得多，所以，有些明朝时候还在使用的规矩，我们今天可能已经不需要了。

对于地形地势来说，我们今天要注意的还有哪些呢？

先说细节。前低后高还是需要注意的，尤其是在城镇之外选择土地的时候。选择地势较高的地块，也仍然是要注意的。

这两个需要注意的地方，即使不从风水上来说，也是人们在选择地块的时候最先注意的到的。比如说考虑下雨的时候积水的问题，这就跟高低地块有关系。如此，我们就一定要选择地势高的土地了。不管是在乡村还是在城镇，如果一个房子一下雨就被水淹，实在是算不上一个有好风水的房子。

考虑前低后高，其中一个原因也是因为排水的问题。因为我们的大门是开在前方的，前低后高的地势，可以让雨水顺利地从房子中排出。当然，在排水良好的地方，不一定严格需要前低后高的地势，这需要和其他一些因素综合在一起进行考虑。

关于排水这个问题可能以后不需要考虑，因为这完全取决于城市的排水系统建设得怎么样。

这些注意事项是我们的先辈们从生活的实践中得出的经验。当然，在今天的新环境下，我们需要考虑的，比过去需要考虑的还要多些。

3. 地质

今天对于地质的考察，要比过去更容易一些。

对于地质的考察，主要是寻找一块不容易发生地质灾害的土地，而且这土地要地基坚实，土地肥沃。

在过去，这不是一件容易的事。我们的古人是很聪明的，他们在风水学的实践中发现和总结了很多诀窍。凭借这些诀窍，即使不懂风水原理的人，也可以找到一块即使在今天看来也属于地质情况良好的土地。

在风水学上，我们对于地质的描述，主要用龙脉等专业词语。龙脉，指的就是山脉。在相传为三国时期魏国的管辂所著的风水学名著《管氏地理指蒙》中，我们可以看到“指山为龙兮，象形势之腾伏”。(《管氏地理指蒙》，据英国科学家李约瑟推断，大概是晚唐时期的人写的，也就是大约公元 800 年前后才有了这本书。即使这样，到现在，这本书也已经有了 1200 多年的历史。)

风水学上的龙脉是很讲究的，和研究山脉的走向等完全不是一个研究方向。风水学上的龙脉，注重的是龙脉的形成和发展，走势，实际上只是顺势关注一下。

之所以龙脉的形成和发展要比走向重要，是因为龙脉的形成和发展，决定着龙脉的性质。

大家都知道，现在我们看到的山，在很早以前可能不是山，可能是平原，也可能是一片海。喜马拉雅山上发现的贝壳等化石，就可以说明世界最高峰所在的山脉，在很早以前是一片海。

龙脉形成的时间，龙脉形成的原因，龙脉以后的走向，都影响着龙脉的优劣。

一般来说，龙脉的形体越是庞大，形成的时间就越早，在地质上的构造就会越稳定。

不过，这种稳定只是相对的。

考察龙脉，不单单要看龙脉形成的时间，而且还要看龙脉的变化。比如说，一个山脉至今还在每年往上升，海拔高度每年都在变化，也不能说这就是一条好的龙脉。从山脉的海拔高度每年都在增长，可以看出来的是，这条山脉处在一个地质构造带上，地质活动一定比别的地方频繁，地质构造一定不会太稳定。

比如说，喜马拉雅就是这样的山脉。从地质构造上来看，喜马拉雅位于印度板块和欧亚大陆板块交界的地带，并且是由这两大板块碰撞形成。从今天的观察来看，印度板块每年都在以不低于5 厘米的速度向北运动，推挤着喜马拉雅每年小幅度的增高。这意味着什么呢？这意味着，喜马拉雅山脉处在碰撞型地震构造带上。在这个地震带上，地震是一定会发生的，而且，在这一带发生地震的频率、强度，都要远远大于非地震带的地区。

没有人会认为处在地震危险中的龙脉是一条好龙脉吧，不管这条龙脉的其他条件多么好，这样一条因素就可以让我们将这条龙脉从我们的计划中永远地划去。

其实这就是地质活动断层带的活动方式，其表现就是强烈地震，也可以表现为缓慢的相对升降运动。比如，我国营口—郯城—庐江大断裂带，全长 2000 公里以上，是我国东部历史最长，而现今仍在活动的大断层带。它的活动方式以挤压扭动为主要特征，在历史上曾发过多次大地震。如公元前 70 年安丘 7 级地震，1668 年山东郯城 8. 5 级地震，1969 年渤海 7. 4 级地震，1975 年海城 7. 3 级地震和 1978 年唐山 7. 8 级地震，均与该断层带的活动密切相关。

地震还是小概率发生的事情。更需要注意的是山体崩塌、山体滑坡、泥石流、山洪等容易频繁发生的自然灾害。这些灾害，尤其是山体滑坡、泥石流，在地质上的表现是很明显的。

要避开这些常见地质灾害发生区，首先是要目测，就是亲眼看一下当地的地理环境，看一下地形，看一下土地、岩石、河流等等。

从周围的山体来说，一定要避开四面合围的地块。这是一种死地。但是，如果是三面合围，说不定倒是一块宝地。

对于山形来说，要避开怪石嶙峋的山体。这种山体一般来说可能容易发生落石等事故。形状凌乱，基本可以说明山石受雨水等侵蚀的时候受损严重，这也说明山石的质地不够坚硬，化学性质不够稳定。

除了一眼能看到的地质情况，还有很多种地质情况不是一眼就能够看明白的。所以，才有了风水这门学问。在以前，风水学家们虽然没有现代这么先进的勘探技术和勘探设备，但是他们凭经验，凭借推理然后验证，在长期的实践中，总结出来了很多今天需要依靠现代化技术和仪器才能够发现的地质情况。

最后，还需要注意的是火山爆发，当然这并不需要个人在意的，而是国家或领导者要注意的。比如，意大利的庞贝古城就是在公元 79 年的时候，因为附近的维苏威火山爆发而被摧毁。

对于火山爆发不需要怎么注意，还有一个原

因，因为火山爆发前的地质活动很明显，是有足够的时间前往安全地区的。况且，火山爆发和地震一样，都是比较罕见的自然现象。就像埋葬了庞贝古城的维苏威火山，时隔很久才可能会重新爆发一次，最近一次的喷发发生在1944年，这比日本东海岸发生地震的频率低多了。

4. 山川河流

有山有水才算宝地，这几乎早就成了古今中外人们的共识。在国外，在那些没有风水理论传承的国家，山水风景也普遍被看重。比如，美国加州洛杉矶的比弗利山别墅区。

比弗利山实在是太有名了，基本是全世界富豪们心目中首选的梦幻居住之地。虽然美国房价相对来说很便宜，但是比弗利山的房子可是很贵的。既然如此，为什么人们却那么喜欢那里呢?

从风景上来说，比弗利山坐山望海，简直是再好不过的地理环境。背靠比弗利山，视野开阔，距离世界闻名的加州阳光海滩只有几分钟路程。甚至从世界范围来看，类似的地理环境也不是很多，人们住在这种地方，身心都会得到抚慰。

中国传统风水学理论认为，理想的居住地，最好是三面环山。背后的靠山要高大。从靠山向下，山势逐渐降低，到理想的福地这里，海拔刚好合适，不会因为太高造成各种不便，也不会因为过低而潮气聚集。左右两翼，青龙白虎，要有足够的屏障，高度只是略低于靠山。在大型山脉中，青龙白虎层峦叠嶂，形成重重护卫，守护着中间这一块福地。最后，在福地前方，一定要有开阔的视野。但是，前方也不能说是一览无余，要有矮矮的群山看护，流水绕福地缓缓而过，不但给福地带来生活的便利，而且不会将福地的灵气冲走。

从中国各大历史文化名城来看，它们的选址一般都是遵循这样一种原则。拿北京来说，从卫星图上可以清楚地看出来，北京东、北、西三面环山。在这块平原上，有几个伸向山中的突触：东北方，是密云和怀柔，东北偏南的地方是平谷，西北方是昌平，西南方是房山。在这块平原西部的山脚下，便是今天北京的主城区。从南京的地理位置来看，长江从南京的西南方流向东北方，然后从东北方蜿蜒向东，群山则在南京城周围形成重重屏障。山水之间的那一块福地，恰好就成了南京的建城之地。

山的勘察，基本就是看山形，看山的地质情况。

现代水文地质学告诉我们，地球上亿万年来演变而成的山川河流、自然地貌、地下水脉和地质构造，形成了各种山川水流、水质、土质、岩层结构，这些地质构造之中又包涵和产生着各种有机和无机的化学元素，这些元素对人体会产生各种有益或有害的影响。例如：铁、锌、有机蛋白等，对人体是有益的，而镭、氡、锶等放射性元素，对人体与智力发展是有害的。

相对来说，我们的先人对河流的了解更多一些。

在传统风水学中，对一个风水区位的地貌、水流、水质进行勘察时，是通过用鼻子闻、亲口尝土和水的气味，从而判断该地区的水质是否适应人体的发展。如水味甘甜是吉地，如果水味苦涩则是不吉之地等。其中许多道理与现代水文地质学也是相合相通的。

所以，虽说要有山有水，但并不是什么水都

好。首先要排除掉的是死水。因为今天的大工程比较多，造成很多河流断流，有些河流甚至成了没有头没有尾的河段，成了典型的死水，不要说成为风景，这种河段时间一长不变成臭水沟就已经是万幸了。

在风水上，比较好的水，一定是曲折蜿蜒的水。水来了之后，要有环抱之势，水要清澈，不能污浊。水离开的时候，要作盘桓不想走之状。

相反，水势急而凶，在河道内横冲直撞，便是不吉。水污浊不堪，蚊虫滋生，散发出种种怪味，也是不吉。

在现代社会中，本来有很多拥有吉水的宝地。很可惜的是，因为环境污染，原本清澈的江河湖水变得污浊、腐臭，宝地也因此不再是宝地了。不过，如果这些河湖经过大力整治，还是有可能重新恢复原来形势的，让福气重新回到原来的宝地上。

对于水的各种评判，从科学的角度来看，其实完全是为了我们的安全。平缓的河道一般不容易突发洪水，干净清澈的水质即使不是为了饮用，也不会给周围的环境带来负面影响。

因为科技的进步，对于河流的考察，我们今天可以用很多仪器去做，不用再单凭肉眼去看，用鼻子去闻。河道是不是安全，可以通过历年的水文资料来看；水质是否合格，有专门的检验机构去做。我们需要关注的，主要是这些结果，我们需要去计算的，是出现在附近的河流是不是在我们需要的位置上。除此之外，其他我们需要做的并不多。

5. 天文与气候

对于自然环境来说，看得见的地形地势、山川河流要考察，看不见的天气也要考察。

在以前，天文和气候的考察可能会简单一点，因为交通不发达，信息闭塞，人们可以选择的居住地一般就在中国，所以几乎可以不用考虑中国之外的地方。而且，即使在中国，也主要是在中原和江南地区，其他地方定居的人并不多。

今天，一切都不一样了，我们所能轻易到达的地方越来越远。不夸张地说，今天我们几乎已经能够走到地球的每一个角落。即使是在南极洲这样一块冰雪大陆，也常年都有人居住，有科学家在那里已经生活了好几十年的时间。早在1984年，我们中国也在南极开始建立常年性科学考察站——中国南极长城站。1989年的时候，我们又在南极建立了第二个常年性科学考察站——中国南极中山站。到现在，中山站也已经二十多岁了。

在这种情况下，我们自然要把眼光放在整个地球之上。

天文与气候需要注意的，主要是气温、气压、湿度、风、雨，还有古人还并不怎么了解的太阳辐射。

温度和湿度是我们最容易感觉天气的两个元素。温度一高就热，温度一低就冷。我们人体感觉舒服的温度，在一个不是很大的范围内浮动，再加入湿度的因素。而让我们感觉舒服的气候就更加多变：湿度小、温度也低，在感觉上，要比湿度大、温度低的情况好得多；湿度大、温度高的时候，我们也会比温度高但是湿度小的时候难受得多。但是，如果湿度太大，天气过于潮湿，如果不加注意，人就容易长湿疹等一类的皮肤病，这对我们的健康很不利。

温度和湿度不仅会影响到人体的健康，这二

者的很多组合对建筑材料的“健康”也很不利。在有些地方，一般纯木结构的房子能保存数百年之上而毫发无损，但在另外一些地方，这种房子可能要不了多少年就不行了，这些都和天气的状况有关。

风水学，就是为了我们生存、居住的安全和舒适而出现的一门学问，对于那些对我们不利的因素，在风水学上都属于不是很好的地方。用我们传统的说法，叫阴阳不调。温度太高，是阳气太盛，肝火旺盛；温度太低、湿度太大，是阴气滋生，侵蚀人体的阳气。阴阳之外，还有五行的相生相克，这些都是需要考虑的因素。

除温度和湿度之外，风、雨也是需要考虑的重要因素。一个地方常年恶风不断，处在风口上，必定不是吉地。一个地方常年不雨，或者常年大雨滂沱，也必定不是吉地。这都属于阴阳失衡的典型症状。

对于现代出现的新名词，气压和太阳辐射，也是我们需要考虑的因素。

气压太低，容易让人呼吸不畅，人体感觉不舒服；气压太高，同样会让人呼吸不畅。人的自主呼吸，需要一个合适的气压范围。

我们可能会有一些经历，在夏天大雨来临前，当低气压笼罩大地的时候，就会觉得胸闷，呼吸不顺畅。所以如果有呼吸系统隐患的人，这个时候就容易犯病，这都是气压过低的原因造成的。

一般来说，海拔低的地方气压会高，海拔高的地方气压会低。所以，如果没有经过一段适应的时间，上高原的时候大部分人会有高原反应。

在有些地方，因为气候原因，气压会经常有剧烈变化，这些地方就属于不太适合人类生活的地方。

太阳辐射是一个新名词，但就现在看来太阳辐射是我们一定不能掉以轻心的气候因素。我们都知道，非洲的黑色人种比较多，生活在赤道附近的人皮肤颜色深。即使是我们这些生活在远离赤道的人，夏天的时候，裸露在外的皮肤也会变黑，变得颜色深暗。这是我们的身体为了适应太阳的辐射而做出的改变。

非洲人，因为太阳辐射比较强烈，便长出了黑色素较多的皮肤，以防止身体受到严重的伤害。浅色皮肤的人在非洲如果不做任何防护，皮肤一定是会被太阳辐射灼伤的，严重的还会患上皮肤癌。相对的，非洲的深色皮肤的人如果到邻近北极的地方去生活，也会因为太阳辐射不够强烈，不能促使足够的维生素 D 形成，从而影响人体对钙的吸收，容易患上软骨病。

也就是说，太阳辐射的强弱，主要是和我们的健康有关。不同的人，需要的太阳辐射的强度并不同。从这一方面来说，不同的人，适合他们的住宅位置也是不同的。这正是风水的科学之处，不是单方面地看天文地理，而是要和具体的人联系起来看，这样才能找到合适的地方长期稳定下来。

6. 大不利的自然环境

不利的自然环境，很多都是一眼就可以看出来的。对于有经验的地理学家来说，他们甚至听一听大概的描述就可以判断得出来。

大不利的自然环境一定是不适合人类居住的环境。

在大不利的自然环境中，即使人类可以生存，也会生存得很艰难，难以获得进一步的发展。这种自然环境需要人随时准备和自然抗争，以获得生存的机会。这种自然环境不能为文明的发展提供足够的自然资源，在现代人类发展的这一二十万年间，也从来没有出现过领先其他地区的文明，很多在这种自然环境中生存的人类群落，到现在也没有发明文字。没有文字的记载，文明就不能记录下来，不能传承下来。

从对现代人类本身的研究可以看出来，生活在大不利的自然环境中的人，和我们没有任何本质上的差别。如果让他们从小生活在我们中间，他们不会显示出任何差别，从哪个方面都不会看出来他们有哪里和我们不同。但是，在最初的生活环境里，他们确实至少在数千年里没有什么文明上的进步，这不是他们自身的原因，是自然环境的原因。

从历史的发展可以很明显地看出来，自然环境对人类的影响是多么的强烈。选错环境，影响的远远不是我们个人这么简单，也远远不是几十年时间这么短，而是整个的族群，和这个族群的文明。

大不利的自然环境主要有哪些特征呢？

首先是各种资源都很匮乏。一般来说，一个地方的资源很难全部齐备，但是，只要有一些资源，而且某种资源比较丰富，这个地方就比较容易发展起来。如果各种资源都比较匮乏，食物和饮水都是一个问题，那么在这个地方生活的人就需要把大部分精力都花在寻找食物和饮用水上，就很难在其他方面有所发展。荒漠、戈壁、荒山、酷热或者极冷之地等等，这些地方都属于资源极度匮乏的地方，也是我们都公认的恶劣的自然环境。

其次，地质地貌不适合居住。沙漠、戈壁这种地表形态明显的就不用说了，地下因为采矿或者因为是石灰岩地质容易形成空洞的地方，虽然在地表看不出来，也属于地质上恶劣的情况。在这种地表建筑房屋，很容易因为地表塌陷发生不可预知的损失和伤害。

再次，气候恶劣，极端气候过多，这种地方也不适合居住。常年酷暑、湿热、极寒的地方，也属于恶劣的自然环境。澳大利亚有一大片地区，温度虽然不高，但是湿度极小，正常人两个小时不喝水就会死亡，这种地方就属于极端恶劣的自然环境。

具备以上这些恶劣特征的地方，要离得越远越好。

当然，因为人类有很强的适应自然的能力，还有很强的改造自然的能力，所以即使有一些地方虽然自然条件恶劣，但经过改造之后，也能成为风水适宜的好地方。比如说建设在美国内华达州沙漠之中的赌城拉斯维加斯，虽然当地自然条件恶劣，但是赌城的风光却很好，而且正是这种自然条件，加上它的特殊性质，让拉斯维加斯知名度蜚声全球，成为全世界知名的娱乐之城。这种城市，不一定很适合居住，但是如果在这种城市经营商业地产，则有很好的前景，运势极旺。

总的来说，还是要具体情况具体对待，不能死搬教条，一概而论。

7. 优良用地的总结

古人在生活中认识到居住地与自然条件的关系，如将住房建在河流的北边，山坡的南边，住宅可以接纳更多的阳光，躲避凛冽的寒风；既可以避免洪水的侵袭，又可引水浇灌田地。如左右再有山丘围护，易守难攻，环境则更理想。

所以，如果有一块优秀的土地，是所有人都愿意去争抢的。在中国古代，中原地区拥有得天独厚的自然条件，所以文明发展程度远远高出周边地区。中原，也因此成为有志于天下之人的必争之地。所以我们有“逐鹿中原”等众多成语来描述中原地位的重要性。

但是，随着人类文明的进步，随着人类扩张的步伐，优秀的土地越来越多。同时，因为中原地区征战过多，遭到破坏，反而在很多条件上开始不如周边地区，中国的中心开始向东南转移，也就是今天我们所说的江南一带。一直到今天为止，江南地区，也就是长江中下游一带，仍然是我们都很看重的福地。所以，会有“上有天堂下有苏杭”这种说法，而在各地都出现“小江南”这种说法。

当我们的脚步进一步扩张的时候，至少到今天为止，我们是走遍了地球各个繁华的角落，我们可以找到的福地更多，我们的选择面也就更大了。

同时，因为时代的变化，技术的进步，环境

气候的改变，原来的一些宝地不再是宝地，原来的一些死地变成了宝地。所以，我们需要重新审视我们这颗星球，用发展的眼光来看今天的这个世界，并且给未来留下一些发展的空间，不将眼光局限在眼前，局限在当下。很简单的一个问题：一块福地，拥有丰富的地下资源，但是却很可能因为未来的矿产开发而被彻底破坏掉，这种事情屡见不鲜。

也就是说，单单从风水的自然地理上看问题，是远远不够的，必须有其他技术的辅助，这也正是风水学发展到后来更为科学的结果。这是我们中国国学博大精深的地方。因为有一整套的理论体系来告诉我们那些想知道的一切，我们有各种实践的经验，和预测推理一个地方可能发生的改变，有计划地形成一个预防的措施。

不管是什么事情，遇到什么问题，不要轻易放弃，我们有的是解决的办法。对于地方的选择也是如此，如果看到一个地方不是很好，也不要轻易地放弃，经过改造可能极有用处；同样，如果看到一个地方觉得很好，也不要轻易下结论，一定要结合其他方法再细看一下，这样才能说十拿九稳。当然，因为宇宙变化无穷，人类不能掌握一切，我们只能尽量地接近一切。在大多数情况下，这样其实已经足够了。

现在，我们就可以看看一个优秀的地块有哪些典型的特征。

第一，它一定会给人一种愉悦的感觉。也就是说，一看上去，一听上去，一踏上去，这块土地就给人一种很舒服的感觉。你可以说不上来是什么因素让你有这种感觉，但是你一定要有这种感觉。好的东西就是这样，你一见到，就会产生一个强烈的信念，相信这是一块好地方，一定不要忽视这第一感觉。如果第一感觉不对，那么这块地即使其他条件再好，也一定要坚定地放弃。如果拿了它，第一感觉会永远像一个疙瘩堵在你心里，时不时跳出来让你不舒服，那就放弃吧，何必给自己添堵呢？

第二，必定有山有水。这里的山，指的不是我们通常意义上的山，指的不是那种一定要有石头的巨大的山脉。智者乐山，仁者乐水，有山有水，才算是元素齐备。具体什么样的山好，什么样的水好，还要看情况而定，要进行测算、分析。

但是，没有山没有水的地方，一定不是一个太好的地方。

第三，一定要气候宜人。这个条件需要因人而异。有的人适合气候干燥一点，有的人适合气候湿润一点。一般来说，气候不极端，不是很干也不是很湿，不是很热也不是很冷，会适合大部分人。

第四，不属于各种地质、气候灾难区。因为现在的技术进步，这个条件其实对灾难的定义更严格，主要指那种会发生毁灭性的灾难并且无法防御的地方，我们才需要完全避开。对于一般地质变动、偶尔出现狂风暴雨的地方，我们不会称之为地质、气候灾难区。而且，四季有点变化，并非一年四季如春的地方，可能夏天会热一点，冬天会冷一点，仍然属于气候条件优越的地方。这种地方会带来更多生物上的变化，动植物种类繁多，四季更替带来不同的景色变化，充满生气。

第五，形状规则。也就是说，地形方正。只有这样的土地，处理起来才最简单，而且不会浪费。

一处堪称优秀的自然环境条件优越的土地，

一定是会具备以上所有特征的。

自然环境优越，是选择一块土地的先决条件。自然环境的重要性。无需多说人们也明白，这关系的不仅仅是我们个人，关系的不仅仅是一时，这关系到我们的子孙后代，甚至关系到人类的未来。

三、风水中的社会环境

中国传统文化讲求天、地、人合一。天文气候是天，自然环境是地，社会环境是人。人，不单单指的是具体的个人，指每一个人要和天地和谐一致，还指我们整个人类社会要与天地和谐。道理很简单，社会和谐了，有人要破坏环境，破坏的是大家的环境，所以没有人能独善其身，因为人类只有一个生存大环境。

为什么会有“孟母三迁”的故事？这其实就是我们古人对社会环境的重视。今天，人们依然十分的重视社会环境。我们很多年轻人喜欢到大城市，这就是出于对社会环境的重视，因为大城市发展机会多。我们很多老年人喜欢到乡村去，这也是出于对社会环境的重视，因为乡村没有那么吵闹，相对清静，适合颐养天年。还有的人在选择居住环境的时候，希望在学校等人文环境特别好的地方，为的是孩子的成长环境。

社会环境，其重要性其实一点也不比自然环境小。

1. 大小道路

我们中国文化讲究曲径通幽，讲究含蓄，讲究中庸，所以，我们的古典园林设计，一般都是把道路设计得曲曲折折，还要用竹林、假山、林木等做遮掩，以营造出一步一景的氛围。

这能给我们什么启示呢？

这其实告诉我们的就是，不要贪图大路的交通方便，为了豪爽大气就修一条大直马路直接到家门口。对于大多数房子来说，这种大直路都太冲，房子消受不了。无论道路是从东、从南、从西，还是从北方直通大门，都属大不吉利。即使大路不是从正东、正南、正西、正北而来，是从东南、东北、西南、西北方向斜着一直开到大门前，也依然是不吉利的。

这种对于大路的禁忌，在今天很有实用性。

新闻上常常会报道一些事故，比如汽车刹不住车撞到建筑物上。试想，如果大路冲着大门，就极有可能出现大卡车刹不住车直接就冲进了家中的情况。

即使能小心交通事故这种严重的事情不发生，但大路直冲着大门，大量车流的来往也会把大路上空气的灰尘等最污浊的部分带进家中。

基本上，没有比大路直冲这种情况更不吉利的了。这条规则，基本适用于任何建筑物的情况，适用于任何个人的居所。

但也会碰到躲避不过的情况，比如是一个超大型的院子，或者说一个大型工厂，从远方而来的只有一条大路，这种情况怎么处理呢？至少有两种方法，一种是让大路拐一个弯，就是把大门开在大路走向的垂直方向。另外一种，是其他情况下也可以使用的方法，即在大门内建一个影壁墙。这些都是变通的方法。实际上类似的消除负面影响的方法还有很多。但是，最主要的，还是尽量避免这种情况的发生。

但是，西方国家的一些城堡，或者庄园，他们的大路就是直冲庄园大门，这是不是很不好呢？

这要看具体情况。有的庄园确实是这种情况，但是他们的路，是专用通道，不是公共道路，这条路本身甚至都可以看作是庄园的一部分。这种路，一般也都是林荫道，平时除了他们自家人，很少有车辆来往。其次，在大门之内，会有曲折的道路通到建筑前，或者在大门和建筑之间，有很大型的园林做阻隔，比如说一个圆形的大花坛什么的。

除了需要完全避免的这种大道直冲的情况，其他情况基本要区别而论。

按照我们传统的坐北朝南的建筑理念，大路在北为不吉利，在南为吉利。道路在南还映着富贵之象。这个道理很容易明白：大路在南，也就是在门前；大路在北，也就是在建筑后。我们通常讲究靠山，在靠山的位置设计一条路，当然就不吉利了。

如果大路在东或者在西呢？按照传统的理论，大路在西，吉；大路在东，先吉后凶。但要注意的是：东方或者西方，只能有一个地方有路，如果东方、西方都有路，那就是不吉，是两道相夹之相。凡是有两道相夹之相的，都不吉。

如果是斜向路从建筑旁边经过，如果大路在建筑西南，则为吉，如果大路在建筑东北，则为不吉。

如果大路自南而来，绕建筑半周，又自南而去，不吉。

有东西两道直冲门前，为不吉；如果这两道分别自东西而来，通到门前，则为吉，这是路通两向之相。不过，这种情况是很少见的，我们一般不用考虑。

如果家门口处在叉路口，大路从门前一分为二，和大路直冲大门差不多，呈凶相。而且，凡是有大路交叉的建筑，都为凶。如果建筑被道路四方包围，不用说，更是凶。

其他各种情况，基本都可以用这几种基本情况推算出来。比如说，西有大路，东北也有大路，则是先吉后凶，因为西有大路为吉，东北有大路为凶。

总的来说，一定要避免的情况，一是大路直冲门前，一是被大路夹住，无论是被两条路从两边，还是被三条路，甚至是被四条路围住，都要绝对避免。这些情况，没有吉象可言。

最后，需要提醒的是，有一点需要时刻注意，如果路太大，又宽又直，那么，不管路在什么地方，周围风水都不会好。这种大路已经不是通常意义上的路了。因为我们古代一般没有这么大的路，没有现代的高速交通工具，所以没有考虑这种情况。但是，我们一定要考虑。

从风水上来说，路太宽，基本把风水格局破坏殆尽，车辆又多车速又快，同样会带来煞气。从实际居住来说，去这种路边住住看就知道了，不用说别的，单单噪音就让人无法忍受。双层的隔音玻璃也挡不住车流声。

2. 建筑

中国古代都市的选址，从西周开始到清代为止，都是在风水理论指导下完成的。

城市选址的原则是："小小县镇，依山者甚多，亦须有水可通舟楫，而后可建，不然只是堡寨去处。至于督藩大府、京都畿甸，皆平野旷阔，水为缠绕，不见山峰。盖不如此则气象不宽，堂局不展。"

乡聚、民居选址一般来说也是一个小型的封

闭式的小盆地，在地址前面有一个平地也行，还要背阴面阳。

今天，城市的规划一般会分为功能区、住宅区、商业区、工厂区等诸多的区域。这种规划和古代是完全不一样的，因为古代没有我们今天这么多大型工厂，各种各样的工厂。那么，我们需要注意些什么呢？

对于建筑的考察，主要是考察那些大型建筑，大群建筑等等。其他的，基本按照传统的方法就可以了。

先说传统的。首先，要远离废弃的房屋。废弃的房屋象征衰象，没有生机是不吉利的。没有人打理，废弃房屋内也容易滋生各种有害的东西，植物和动物都有可能，离得近只有坏处。和废弃的房屋类似，废品收购站、垃圾集散中心，这些地方都要统统远离。在古代是没有垃圾集散处理中心这种东西的，今天的垃圾集散中心，一般每隔一段街区就会有一个，这种小建筑要远离。

其次，要远离寺院、庙宇、教堂、祠堂等有类似于宗教性质的建筑。一般来说，远离寺院和庙宇比较容易做到，因为以前的寺庙等处所需要安静，而且地位很高，所以都是建立在独立的土地上，远离繁华市集。所以我们中国的寺庙，一般都建在深山老林里面，建在人迹相对罕至的地方，这可能也是为了不妨碍普通民居的建造吧。但是，今天不一样了，随着城市扩张，这些有宗教性质的建筑所处的地方已经到了城中。从风水上来说，这些地方属于阴气过重的地方，也就是肃煞之气太多，不容易调和。不过，就像前面提到过的，如果一个人心浮气躁而肝火旺盛需要阴阳调和，阴气重的地方反而对他有好处，住在寺庙旁边，那么这些地方对他来说反而是风水好的有利处所。

再次，要远离军警刑狱之地。用古代的话说，要离军营、衙门、监狱等地方远一些。这些地方，传统上来说，阳气过重，同样是肃煞之气大，阴阳不容易调和。

还有一些在传统上需要注意的，就是离墓地远一些，一般人都是很忌讳这个的。

对于现代建筑，首先要考虑避开的是，会对住宅形成压迫感的大型楼宇。周围建筑太过高大，会对相对没有那么高大的建筑形成压迫之势。从科学上来说，过于高大的建筑对周边建筑的采光有很大影响。而且，没有做过良好设计的建筑群，会形成不可捉摸的楼间风。这种风，风力风向变化不定，何时起风何时停风不可预测，风大的时候会给走过其间的人带来严重的人身威胁。楼间风是风水上一种典型的邪风，很容易造成人的身体的不适，俗语称“邪风入体”就包括这类的风，所以是必须要避开的。我们讲究的是和风细雨，其他“怪风”都是要尽量远离的。

在现代社会中，住宅区还要尽量远离商业区。商业地产喜欢使用各种奇怪的设计，这种设计在外形上极尽奇异化，有的就不属于吉象。而且，商业地产喜欢使用玻璃幕墙，这可以说是现代建筑的一大恶习：玻璃幕墙的反光就是一种煞气。更严重的，有些商业建筑会使用凹形玻璃幕墙，将反射的阳光聚集于一线，使那个地方的温度异常升高。因为你完全没办法预料并且控制那些商业地产的恶劣设计，所以最好是避而远之。而且，商业区的喧嚣与嘈杂，也是与住宅区需要的宁静格格不入的。

在城市中，还需要避开的建筑群是工厂，尤

其是化工厂、钢铁厂等会造成重污染的工厂。这一点现在可能不需要考虑过多，因为大部分城市都把工厂迁到了郊外。

如果选址是在乡村，对于工厂就不得不注意了。而且，无论是在哪一种情况下，选址都只能选在工厂水流的上游，风向的上风区。如果选址当地的风向在夏季和冬季完全相反，那就要选和工厂在风向上不是一条线的地方。如果一个地方有矿区，不管这个地方的其他条件多么好，都要果断放弃。矿区是一个必须避开的地方，随便看看新闻上关于矿区的危害，你就知道该怎么做了。

有一个地方需要慎重对待，这个地方就是医院。在过去，像今天这样的大型医院很少，基本都是个人诊所，没有多少影响。但是，今天的医院规模实在太大，到了我们不得不考虑的程度。一般的医院，都会秽气多一些，阴气重一些。一般来说，我们可以适当离开医院，但是，一定不要远离，因为我们每个人说一定什么时候就需要的地方。因为离医院太远而得不到及时救助的悲剧已经发生得太多。离医院近一些，可以有很多方便。我们需要多考虑一下的是传染病医院、精神病医院等等对我们影响大的医院，这些医院我们能离多远就离多远。实际上，这些医院一般也会考虑修建在远离住宅区和商业区的地方。

至于是否要远离声色娱乐场所，这个可以看情况，能避开则避开，不容易避开可以想办法化解。就南京来说，秦淮河沿岸是风水上佳之地，古代很多人都很看重这个地方。像王、谢古宅，都建在秦淮河岸边。同时，还有著名的秦淮八艳中李香君的故居至今仍然矗立在秦淮河岸。

当然，今天的红灯区是一定要远离的。另外，要远离一些罪犯、吸毒、流氓等聚集地区，这一条规则一定要遵守的。那种地方很容易发生各种不可预料的事情。比如人们认为美国汽车名城底特律，就是这样一座被毁掉的城市。

风水理论的环境与人的关系，是一种互动的关系，不仅是好的风水可以使人身心舒泰而成就人，人的合适的、正当的行为也会成就好的风水。反之，多好的风水也会被破坏掉。这可以说是一种天、地、人合一的“运”，风水的“运”，随环境变化而变化，随时代变化而变化，随着人的变化而变化，是相辅相成的结果。

3. 设施

设施这种东西，有时候是一种建筑，有时候又算不上是建筑，所以需要单独分开一类。

传统的风水，需要避开的设施其实不多，因为那个时候设施的种类总共也没有多少。

如今我们主要需要考虑的设施，基本上都是现代化设施，比如说，高压输电线、电视塔、加油站、变电站、燃气站等等。

可以肯定的是，这些都是我们需要远离的设施。对于高压输电线、电视塔、变电站这些具有辐射性的设施，一定要尽可能地远离。当然，这些设施产生的辐射对我们是不是有严重的负面影响，到现在也没有充分的证据。但是，还是有很多报导称，房子建在靠近这些地方的居民，出现了很多人体不适的症状的，比如头疼等。当然，辐射无处不在，阳光是一种辐射，包含着可见光谱、红外线、紫外线，还有看不见的各种宇宙射线，这是我们无论如何都避不开的。无论什么光都是辐射，而且，只有在有光的情况下，我们才能看见东西。即使我们自身，也是有辐射的。我们在不停地释放红外辐射，之所以红外夜视镜可以在没有光线的情况下看到我们，就是因为我们有这种辐射。

要特别注意的是，像核辐射，医院的 x 光等的辐射，都是能直接伤害身体的辐射。而对于高压输电线、电视塔、变电站等一般的设施，我们需要更多考虑的除了辐射，还有的是另外一种安全性。在这些地方发生的绝大部分的事故，都是由于责任人没有严格按照操作规范造成的，就像森林里的一个没有熄灭的烟头可以引发不可计数的损失的森林大火一样，你永远不知道哪一个人会在加油站、燃气站抽烟并且把烟头乱扔，你也永远不知道有哪一个人某一天开着车撞上了电线杆，将带着电的输电线撞到了地上。

“君子不立于危墙之下”，古人说的就是这个意思。就是说，一个设施不一定是危险的，但是不定什么时候它会变得危险起来。可能因为某些人的无知而成为危险设施，可能因为狂风暴雨成为危险设施，可能因为雷鸣闪电成为危险设施，所有这些设施统统都要避开。

总的来说，就是要选一块干净的地，除了必

要的生活必需设施，比如说输电线、燃气管道、电话线、移动通讯基站等等，其他设施最好统统都不要有，也不用离它们太远，可以保证安全距离就可以。

从风水上来说，或者说是从人们的心理上来说，这些设施不管是什么属性，不管有没有互补，只要它们带来不舒服的感觉，认为是很煞风景的，自然就没有吉象可言，还不如小路、庙宇什么的，令人感觉舒适一些。

4. 要远离的社会环境

"危邦不居，乱邦不入"，这是我们第一要注意的。它的意思就是，政局不稳的国家，不要在那里居住，动乱丛生的国家，一定不能进入。

这一条最大的规则，我们常看新闻就会知道，经常会有大使馆、外交部之类的涉外机构建议，在某一段时期内不要到某些国家旅游，在某些国家工作的人，尽快撤离，撤回到母国。比如，如今时局很不稳定的国家通常位于中东地区、非洲地区，偶尔也会有东南亚的国家，这些国家或地区在特殊的时候都是需要我们避开的。中东、非洲部分国家政局不稳，经常发生战乱，这都是我们熟知的。对于官方发出某段时间不要涉入这些国家和地区警告的时候，我们绝对不能对警告置之不理，一定要听从告诫。

比如，在第二次世界大战的时候，德国政局不稳，德国周边国家时刻处在战争边缘，对时局稍微有些敏感的人便纷纷搬迁到其他国家去。又因为美国在另外一块大陆上，不容易受到战乱影响，所以当时很多德国人都去了美国，包括很多科学家。他们的搬迁行为，遵循的正是孔老夫子提倡的“危邦不居，乱邦不入”。

我们要远离的社会环境不是一个绝对值，只是一个相对值。但这些大范围的不利的社会环境，是我们大多数人都需要避免的。

除此之外，一些小范围的社会环境，如果有需要，进行分析之后，可以对一个具体的人需要避开的社会环境进行更具体、更有针对性的分析和总结。

通常情况下，我们需要避开的社会环境有：大路，尤其是城市之间的主干道，还包括城市之内的主干道；商业区，主要是商业区的高大建筑，

环境是一个复杂的系统，不容易事无巨细地分析得面面俱到，再优秀的风水师、地理学家，也很难对某一个环境做出全面完整的分析。

人们之所以要对环境用风水的理念进行分析，不是简单的为了活命，而为的是生活的品质，让人的生存质量得到越来越显著的提升。

《释名》云：“宅，择也，言择吉处而营之也。”历代名人的住宅，大多选在今人认为的风水宝地，很多古代先贤的宅地被人们传诵了千年。

中国历代文献中有许多关于阳宅的论述，《墨子·辞过》里说：“古之民未知为公室时，就陵阜而居，穴而处。”《后汉书·仲长统传》记载仲长统对住宅的要求是：“使居有良田广宅，背山临流，沟池环匝，竹木周布，场围筑前，果园树后。”这正是风水对阳宅的基本要求。大多数人一辈子会有一半以上的时间是在自己的家中度过的，住宅本身以及环境的优劣与人的日常生活质量好坏关系极大。风水讲究的所谓气场和环境，其实就是我们天天生活在其中的阳光、空气、水以及物质环境。选择风水的理想环境，除了要对自然环境如枕山、环水、向阳做出必要的选择以外，还要注意社会环境的选择，比如尽量回避神前庙后这类香火之地，茅厕污秽之地，屠宰牲畜场地，灯红酒绿之地，祭坛古墓、桥梁牌坊之地等等。这些地方或远离人间烟火，或人员往来复杂，生活环境嘈杂污浊，噪音扰人。都不是适合人类长久安宁舒适居住的所在。另外，据《晏子春秋·内篇杂下》记载，齐景公建议晏子重新选地盖房，理由是“子之宅近市，湫隘嚣尘，不可以居”。这说明住宅环境对处理政务都会产生影响。所以说选择建筑物合适的建筑地点时研究风水，是给人们带来平和生活与成功事业的基本保证。

进入现代社会，中国风水不仅受到业内有识之士的重视，也相当程度地影响了日本、朝鲜及东南亚各国人民日常起居的内外环境，融进了异国民众的思想和生活；而西方人结识风水，始于16 世纪传教士进入中国的时代，进入 20 世纪，风水在西方社会更是得到了很大程度上的认同和推广。

1. 大势：城市和地区

在当今时代，想找一个理想的居住地，其实

难度不亚于以前。

在以前，因为交通不方便，而且没有很多可以改变自然环境的手段，比如说使用空调改变室内温度，使用加湿器和除湿机改变室内湿度，使用避雷针防止房屋遭雷击起火等等，所以从地理范围上来说，可以选择的余地比今天要小得多。

今天容易做到的，比如说交通的便利，一个人可以在北京工作，却住在天津，每天在北京、天津之间往返，在以前几乎是不可想象的。以前的人在北京工作，基本上是一定要住在北京的，而且工作的地方和住的地方要离得很近。如果在很多城市都有产业，把所有产业巡视一遍，有的就要花很长时间。如果产业很多，所花的时间可能更长。

因为人类对温度几乎没有调节能力，所以以前的人一般都愿意一辈子都生活在一个地方，不太愿意去别的地方，不太愿意去适应别的地方的环境。例如在北宋末年，金国的人攻到中原，到了春天是必定要撤退的，因为金国人觉得中原地区太热了，不适应，他们一定要在北方过夏天的。

说古人有古人的局限，现代人也有现代人的

局限。在古代，尤其是在近现代工业大规模发展起来以前，几乎没有什么严重污染环境的事情发生，所以不用考虑环境污染的问题。但是，今天却需要把环境污染放在首位来考虑。很多以前公认的环境优美的地方，今天已经完全变了样子。由于工业生产的侵袭，环境遭到史无前例的破坏，所以如今可以选择的地方已经受到相当的限制。万幸的是，现在有方便快捷的交通工具和各种可以调节局部环境条件的工具，可以选择的地方在地理范围上比较宽广，我们总体上的可选择的地方才可以与古人相比。

对于选择居住地或者选择安置产业的基地来说，我们首先选择的，一定是一个城市或者地区。城市的名字或者地区的名字，只是我们为了方便称呼所选的地方，不是一个主要的因素。我们要看的，是大势，也就是一个城市或者地区的整体环境，包括自然环境和社会环境，我们要看这个地方的发展前景，有时候还要考虑这个城市的历史过往情况。

一个理想的城市或者地区，在历史上多半也是一个令人向往的地方；在今天看来，也应该是一个可以满足舒适生活的地方；在可预见的将来，这个城市不会被开发破坏掉。

从客观环境上来说，基本要求这个城市的地理位置一定不能是在自然灾害频发的地方；这个城市的饮用水本身就适合饮用，也没有因为污染出过问题，并且不存在饮用水过度缺乏的状态；这个城市夏天不会过热，冬天不会过冷；这个城市的空气洁净程度一定要达到一定的标准。

从社会环境来说，这个城市治安良好，民风良善，无论是生活在城市或者乡村，都不用害怕晚上出门，不用害怕走僻静的小路，不用害怕被莫名其妙地骚扰。

还有一条是最关键的，因为一旦有这种麻烦就很难解决：我们除开需要一个城市自然环境良好之外，一定要有安稳的社会环境。比如，近几年美国的底特律，这个城市一套房子标价一美元都卖不出去，显然它是被抛弃了。为什么呢？从今天的情况来看，主要是因为它的社会环境太差了，没有几个人喜欢生活在一个环境不安全的城市。当然，也许会有人有足够的能力改变这个城市，那么，对他来说，这种城市反而是一个环境有利的城市，正适合他发展的大势。

从大势来看，一个城市其他条件都很好，如果和自己不和，也不会是一个合适自己的城市。比如说一个艺术家，并非因为艺术需要而选择一个纯粹工业化的城市，就不是一个好选择。比如说一个重工业实业家，选择一个人文气息浓厚，抵制工业化侵袭的城市，也不是一个好选择。在这里，这两种不同的形势不存在互补，形成的是相克的关系。

也就是说，选择哪个大环境，不仅仅要看那些客观的自然环境、社会环境，也要看那个地方是不是和自己的发展相合、相协调。如果经过分析自己之后，本身适合在南方，基本就可以排除掉北方城市，因为强行去北方会和自己的运势相背，不利于将来的发展。

2. 位置：上风上水的意义

选定城市或者地区之后，在这个城市或者地区的什么位置选择一块具体的土地，也是不容忽视的一步。

首先，尽量选址在上风上水处，这是一个很

多人都知道的基本原则。无论知不知道风水，对风水是否有了解，都会知道上风上水这个概念。

“上风上水”之地，指在开阔处地势较高的地方。上风之地，即前面没有山脉或者建筑甚至大树阻挡，风能先吹到的地方；上水之地，即地势较高的地方，水不容易淹到之地。

在很长一段时间里，北京市海淀区在联想桥东南角竖起过一块巨大的广告牌，上书七个大字，“上风上水上海淀”。“上风上水”这四个字，在中国可谓是深入人心。

既然我们选择了一个城市，而不是选择了一条河流，也就意味着我们不选择到河流的源头去。

事实上，大多数河流的源头其实都不适合居住和生活。我们中国最伟大的河流是长江和黄河，这两条大河发源地基本上是在一起，在青藏高原上，具体位置在我国的青海省南部。很多人可能一听这个位置就知道，到江河的源头去生活并不是一件值得去做的事。

我们选择河流上游，主要是为了尽量得到干净的水，但是这并不意味着一定要到河流的发源地。这个上游只是一个相对意义上的上游。

如果一个城市的河流已经全部被严重污染。那么，等河流治理好了之后再考虑这个地方吧。

我们之所以选择有水的地方，还有一个原因是："有水则灵"。水是流动的，纯净的，在传统文化中可以带给人灵气。如果没有水，就会显得"死气沉沉"。我们形容一个地方没有活力，一般也是用"一潭死水"这样的词语。

在一个城市中，河流的上游相对下游来说，水质是会好一些的。城市下游，水被这个城市或多或少污染了一番。城市上游，虽然河水仍然是被上一个城市污染过，但是经过两个城市间的缓冲带，河水好歹经过了一定的净化。

在现代社会中，上风比上水要更重要一些。因为我们喝的水一般是自来水，是经过自来水厂净化过的，可是我们呼吸的空气，特别是走在建筑外面的空气，可没有条件也进行一番净化。

如果是在有暖气的北方城市，在冬天，如果选址在下风处，也就是风向的下方，那么整个冬天就等着风把整个城市取暖形成的废气全吹过来吧。但是，选址在上风处，就不用担心这些问题。

要注意的是，上风处，并不一定总是上风处，在一年四季之中，风向是变化着的，如果在某个季节选了一个上风处，半年之后风向可是相反的，一下子就变成下风处了。

那怎么办呢？

选那个最需要重视的季节的上风方向，并且尽量选在气流穿越人流最少的那一条风向。首先避免与垃圾填埋场、化工厂等容易产生污浊气味的地方在一条风吹过的线上，只有这样才能保证在风向发生变化的时候，这些地方的脏空气不会被风吹过来。然后就是要尽量避免与更多的建筑同处在一条风吹过的线上。

所以，一定不能听到上风就马上找出风吹来的方向定下地块。

在一年四季只有一个风向的地方，处理就简单多了，只要找出城市的上风处，然后在看这里的上风处有没有需要避开的因素存在就可以了。

3. 人和：选家与选邻居

在以前，当住在乡村的人远远多于住在城市的人的时候，城乡之间的差别还没有这么大。那个时候，不管是在乡村，还是城市，街坊邻居互相都是认识的，而且几乎都是知根知底的。但是，现在这种情况基本只在乡村存在了，很多城市的老城区本来也应该存在，但是因为城市改造，这种现象已经越来越少。

我们现在面临的情况是，如果选择单元住宅楼，等于就选择了一种未知的风险。这种风险不是建筑质量的问题，是邻居的问题，是同一小区的其他住户素质的问题。“比邻而居”，是指住在隔壁，或者住得很近这样的现象，本来是寄寓邻居间相互照应的状况，和睦相处的愿望。

但是现在，随便看一看报纸，随便上一下新闻网站，都可以看到很多对于邻居的抱怨。比如说，没完没了的装修，每天持续到凌晨的喧闹，这些都还好，还算不上很严重的问题。还有一些问题，比如说，没有拴绳子的大型犬，不是拉布拉多、金毛这类温顺的狗，而是那种会咬人的狗比如食肉的藏獒。还有，同一幢楼的住户在装修的时候敲掉承重墙。这种住户是不考虑其他住户后果的一群人，拆掉承重墙是很危险的事情，对其他单元房损伤相当大，和这样的邻居住在一起，没有安心只有担心。又比如，有些人把车停在小区门口堵住小区入口后，扬长而去，妨碍很多人的进出；有些人在小区因为小小的事情造成口角，竟然开车将人撞伤甚至撞死……这类新闻屡见不鲜，没有人愿意和这类素质很差的人比邻而居的。

这就是选邻居的重要性。当然，一般来说，邻居不是自己可以选择的，这基本上属于不可控的一种因素，但并不是完全如此。比如说，在有些社区内，人们的素质普遍会稍高一些，比如学者聚集的地方，出现严重伤害性的邻居的可能性会小一些。还有，在安保措施严密的小区，出现紧急状况的可能性也会小一些。如果经济允许的话，买的是独栋别墅，并且带有独立的大片院子，那就基本上不用考虑因为邻居的问题给自己造成什么损失了。如果对一个联排别墅的所有住户也都有一定了解，联排别墅是一个更经济的选择。

所以在城市选邻居，不是一件做不到的事，而只在资金极为紧张的时候，才会出现被迫无法选择，而接受某个居所的情况。

以上说的选邻居，是针对城市而言，在乡村，可以说几乎都是独栋的房子了。在现代社会，乡村的居住环境相比城市来说，还是要好上不少，这一点即使在中国也是如此，更不要说发达国家了，像日本那种典型的人多地少的国家，一般人也都是一家一户这种独家小院式的房子。

风水讲“天时、地利、人和”，选邻居，就是“人和”的一部分。

4. 幸福：理想社区的必备要素

幸福的家庭都是相似的，而风水好的地方，也都是具备不少共同点的。一个理想的社区，或者一个接近于理想的社区，同样有一些要素是必须具备的，其他附加条件可能只是锦上添花，有它会更好，没有它也不差。但是，有一些基本的要素，如果缺少，那绝对称不上是一个理想的地方。就像富裕的家庭不一定幸福，但是一个贫苦的家庭很难幸福一样，毕竟经济是生活的基础，必要的经济是一个家庭幸福的必备物质要素，所以有“贫贱夫妻百事哀”的说法。

那么，理想的社区，或者接近于理想的社区，有哪些要素是必不可少的呢？

首先，是安全。没有安全，其他一切都不用再去考虑。一个安全的地方即使其他条件差些，也是一个值得选择的地方；而一个不安全的所在，其他条件再好，也不能把它放进后备选项。

这里的安全，包括的范围很广，虽然最终都要归结到人身安全和财产安全上。这里要说明的是，属于人身安全的身体健康不在此例。

影响安全的因素有很多，比如说社区的位置，是否在一条易发大水的河边，是否在泥石流可能经过的地方，附近是否有大型化工厂、炼油厂等等，这些都是需要加以考虑的。

在排除掉因为选址造成的不安全因素之外，还要看这个社区的安保设施是否严密，比如说，是否任何人都可以随意进出小区？小区的安保人员数量是否足够？小区的安保人员是否来源可靠？因为从新闻上来看，在不正规的社区，保安内部作案的案例一点都不少。

如果一个社区可以把这些不安全因素全都排除掉，那么，这个社区就符合理想社区的安全标准。

其次是健康。这一条，主要是考察一个社区的自然环境和配套设施。比如说，社区绿化是不是做得足够好，可以挡住不少沙尘？社区里的人工河流湖泊是否是活水，不会在夏天滋生蚊虫？社区的建筑间距是否足够，不会影响冬天房间内的采光？社区是否做过整体流体力学设计，不会产生巨大的楼间风？社区在大雨后会不会积水？社区在雪后会不会不容易清理，路面湿滑容易摔倒？

这些都是和健康有关的元素。一个经过良好设计的社区，在这方面不应该存在任何问题。

还有，社区的社会环境如何，也就是说，社区是否不加鉴别地出售或租赁住宅给任何人。如果一个社区只要有钱就可以住入，那么必定不会是一个最理想的社区。就像高端俱乐部有严苛的加入门槛一样，一个理想的社区，也需要设立一个基本的门槛，为社区的所有住户负责。

只有同时满足这所有最基本的条件之后，一个社区才能称之为理想社区。

5. 景观：诠释美的生活哲学

21 世纪初，景观设计学在中国确立了它作为一门专业的地位，中国从此有了“景观设计师”这个职业。

中国风水学经历了几千年的传承和发展，具有深厚的文化底蕴。它以人为本、为人服务，通过观察地形、风向等自然环境因素结合人们的心理需求来规划、建造一个和谐的、天人合一的优美环境。而景观设计学正是风水学的美学应用。

景观设计（风景园林）学的核心是生存的艺术，是一门关于园林景观的分析、规划布局、设计、改造、管理、保护和恢复的科学和艺术。根据解决问题的性质、内容和尺度的不同，风景园林学包含两个专业方向，即：园林景观规划和园林景观的设计，前者是指在较大尺度的范围内，通过对自然和人文的认识来协调人与自然关系的过程，具体说是为某些使用目的安排最合适的地方，在特定地方安排最恰当的土地利用，对这个特定地方的设计就叫做景观设计。

景观本身，是一种客观现象或客观状态，只有个人爱好的差别，并无好坏优劣之分，但古往今来，景观在居住上都具有独特的价值和审美功能。

无论是走进北京的故宫还是巴黎的凡尔赛宫或者是其他国家古代经典建筑的所在地，我们都无不发现景观在这些古老的宫殿及其所在的园林中所体现的美学价值和意义，虽然东西方文明在审美和建筑以及园林的设计上有着诸多相异之处，但景观的终极价值是相同的：营造美，诠释美的生活哲学。这些宝贵财富，在现代社会已经越来越体现出巨大魅力以及对后人的博大恩惠。

在工业化之前，人们为了追求欣赏娱乐的景观造园活动，如国内外营造了各种花园、花圃，在这样的思路引导之下，产生了国内外的园林学、造园学等。而工业化带来的环境问题，迫使人们不得不重新认识景观设计，并且在一定程度上改变了景观设计的主题，从过去单纯的娱乐欣赏，变为营造更好的生活环境，从此开始形成了现代意义上的景观设计。这是因为到了现代社会，工业革命虽然给人类带来了巨大的社会进步，创造了丰富多彩的物质文明成果，但由于人们认识的局限，由于人们对于城市文明的过于热衷和推崇，在建设城市文明的同时，原有的自然景观不是遭到破坏，被分割得支离破碎，就是弄得矫揉造作，完全不考虑生态环境的承受能力，也缺乏可持续发展的指导思想。这直接导致了生态环境的严重破坏，更导致了人们生活质量的不断下降，人们开始对城市抱以厌倦的心态，甚至逃离城市，寻求更好的生活环境和生活空间。

因此，景观的价值在现代社会比以往任何时候都更加凸显开来，并逐渐开始引起现代人的重视。

景观设计学在国外有着比较悠久的发展历史，但在中国才刚刚开始。它是关于景观的分析、规划布局、改造、设计、管理、保护和恢复的一门科学和艺术。加拿大景观设计师协会将其定义为“一门关于土地利用和管理的专业”。

景观设计学是一门建立在广泛的自然科学和人文与艺术学科基础上的应用学科。它尤其强调对土地的设计，即通过对有关土地及一切人类户外空间的问题进行科学理性的分析，设计问题的解决方案和解决途径，并监理设计的实现。根据解决问题的性质、内容和尺度的不同，景观设计学包含两个专业方向，也就是景观规划和景观设计。

景观设计所涉及的内容非常广泛，大到对自然环境中各物质要素的评估和规划，以及对人类社会文化载体的创造等，小到对构成景观元素内容的环境节点细部的创造性设计和建设。景观能够给人们传递美的信息，带给人们美的感受。按其工作的范围可分为宏观景观设计、中观景观设计和微观景观设计。在这三个层面的景观设计内容中，有的侧重对自然景观元素的规划设计，有的着重创造人文景观，也有的将自然和人文要素有机地结合起来，形成具有双重属性关系的景观面貌。

景观设计学是为人服务，为人创造美好环境的学科，但它更具有现代意义，体现在保护和恢复环境，更关注土地和人类户外空间的问题，解决土地、人类、城市和土地上的一切生命的安全与健康以及可持续发展的问题。

在中国风水学的发展过程中，“景观设计学”一直如影相随，中国风水所涵盖的内容与现代景观设计学所涉及的方面有惊人的相辅相成之处，比如“相宅、相地”就相当于现在的“规划布局”，“相宅、相地”就是为了合理利用土地，符合自然规律而在构筑前所做的确立位置、方向等内容的“规划”。在某种意义上，古代的风水师与现代的景观规划师的职能范围匹配度很高，景观设计学更可以看作是风水学在文化领域的创新与提升。

风水学和景观设计学都是为人类服务的，都抱有共同的目标——如何营造良好的居住环境和生活空间，都涉及到地球物理学、水文地质学、气象学、环境景观学、建筑学、生态学等学科，都是通过一定的手段进行对土地的规划布局。当然，它们也存在不同点，风水学理论更加广泛，往往只掌握在少数人手中，景观设计学作为应用美学可以被更多的人很好地认知、学习和掌握。景观设计学通常处理整体与环境的联系，从而得到更大范围的良好发展；景观设计学从风水学的运用自然环境和人类关系上的研究，拓展开来，融合了人文景观、自然景观和大众心理学三要素上的研究；同时，景观设计学拓宽了风水学侧重在创造环境和改造环境方面，在创造、改造环境这方面，加上了保护和复原原有环境原貌的职能。

由此可见，现代中国风水学需要将传统风水中的朴素真理与其合理的科学理论成分，与现代景观设计学互相融合与衔接，让山清水秀，避风向阳不再只存在于少数人的生存空间，让优美的环境景观对人类产生种种良性的物理、生理、心理效应。这一切都会给人们带来更加健康的身心，更加清晰敏捷的思维，更加愉悦和美好的生态空间。

具体说来，景观设计的内容包括地形地貌，植被、水体、铺地和景观小品。其中，地形地貌是设计的基础，其余是设计的要素。利用景观设计学来设计、营造景观，包括水景的方位、大小、流势走向，山景培砂，植物培植，林木生旺位，林木树种，植物五行生旺，园区道路分布走向等，达到风水术中山水得位得体，山水交融，以合乎生态和自然规律，达到人与自然共生共存的美好目标。

至于具体的风水与景观设计如何结合得更加科学和完美，这是需要因地制宜、具体问题做具体分析，也正是中国风水与新兴学科景观设计完美联手、大显其能的所在，在现代社会有着广阔的可为空间，还将进一步努力钻研，开拓新路，为营造人类更美好的生活空间而竭诚努力，再创奇迹。

第四章
中国风水的分支与流派

中国风水系集天文学、地理学、环境学、建筑学、规划学、园林学、预测学、人体学、美学于一体，呈综汇性极高的一门学问。

风水学之所以古称堪舆学，正是：“堪天道也，舆地道也。”广及苍宇，微达人体，皆为研究参数。其研究理念，是“天、地、人”的合一观。绝不是一门单科的环境优选学。

在风水学的发展期间，出现了很多的流派理念，但是纵观其发展脉络，依然有清晰的痕迹可循。

一、分支——玄空风水

1. 玄空学——“活易学”

玄空的基础理论来自后天的易学和气场分布理论，其客观的依据是自然地理和环境，主要方法是挨星法。一直以来其目的都是指导人们如何去选择适合自己的居住环境，在最佳的状态下保持身体的健康，从而促进事业等生活各方面向有利的方向发展。俗语有云，避凶趋吉，如此才能更好地服务社会。

人类从自然的居住环境如在树上栖息和洞穴中居住，到后来的营造舒适的居室，在潜意识都有希望身心健康、家庭和睦和社会和谐的选择意向。因而都尽可能的选择好的自然环境，选择适合使用的房屋结构。这就必须要知道相关的理论知识。此类学科中专门论述居家环境奥秘的，正是玄空学。其奥妙之处在于七色九气在时间的流转中循环变化，在季节的转换中、在阴阳顺逆中循环变化。最终的目的是人的身心健康，社会的繁荣昌盛。

玄空学有极强的理论性和客观实践性，没有任何臆测。其理论以“气”和“场”为最高范畴，一切皆为气的聚散。而所谓的凶吉，也不过是阴阳变化。玄空正是研究自然环境中阴、阳两气的变化及其五行生克关系的规律，进而利用规律来趋吉避凶。

在实践操作上，以自然环境的山、水、地的布局为依据，以罗盘为工具，以挨排洛书九星定理气，理论与实际想结合，一切从实际出发来确定居所的吉凶和兴衰。

玄空风水被人们用于考察地理风水的吉凶，其理论核心是“形理兼查”。形，即观察内外之形；理，即考察理气凶吉；主要是以数字 1 至 9 排布在洛书九个宫位上，这 9 个数字各有意义代表，以计算凶吉，排布的盘称为玄空风水盘。玄空风水盘共四种，分为元旦盘、运星盘、山星盘、向星盘。

“周流八卦，颠倒九宫，察未彰往，索隐探幽”。玄空飞星是从周易八卦象数发展而来，其原理出自洛书。

2. 玄空的现代运用

人有运，地也有运，相宅主要看地运，分清元运；山水依旧，元运有别；风云变化之道暗藏其中。洛书九宫飞星体现的是时间的因素，这个时间因素的体现就是“三元九运”，玄空风水以排“三元九运”为基础。

因为宇宙无时不在运转，万物都随宇宙运转而无时不在消长，以气运为主，地运有推移，而天气从之，天运有转旋，而地气应之，是“元运”影响风水的成败兴衰。

同时玄空风水“元运”的原理出自“河图”、“洛书”，具有宇宙星辰运行的“周期律”又与地磁气转变的规则相通。

天有天相，地有地相。玄空风水学的主要作用，是根据天时地利，最大化地趋吉避凶。比如说给建筑选址，确定建筑的方位、走向、布局等。

比如，住宅区域的规划，必须经过地理环境与形势的现场勘察，详细分析周边环境与形势对住宅区域有利、无利，结合“元运”的玄空八卦象数应用来分析，进行合理内部布局，使其趋于完美。如此才能做到居家处所的舒适和谐，才是顺合天时天道。

找到一个适合的好地方，运用玄空风水学合理地布局居住环境，建造一个符合人需求的房子，可以助人事业亨通、达到物质上的富贵显达，甚至可以福荫后代。人们在追求家宅兴旺的道路上，可以依靠都玄空风水的帮助。

二、流派

中国版图的扩大和南北文化的交流，风水学也流传开来，遍及全国各地。宋代以后，尤其在江西、福建、安徽、广东和台湾等岭南地域。

中国风水的理论核心是“天、地、人合一”、“五行相生相克”、“阴阳平衡”。在漫长的岁月中，在不断的争论和发展中，风水形成了许多不同的派别来诠释这个理论。传到后世的时候，风水分化为两大派：形势和理气。形势与理气两派理论其实并不相悖。历史上有名的风水大师和得到精髓的风水理论家，一般都是同时精通形势与理气两派理论，并融会贯通使用。

1. 形势派

形势派又称环境学派，或者江西派。至于为什么叫江西派，显而易见，该学派源自中国的江西，其主要代表为杨筠松。其实形势派最早是源于陕西的，唐朝以后，这个学派主要的活动根据地在江西一带，由此形成了后来的江西派。

该派别以龙、穴、砂、水、定向来论地理形势的吉凶，俗称“地理五诀”。主要突出于因地制宜，因形选择，观察来龙去脉，追求优美意境，特别看重分析地表、地势、地物、地气、土壤及方向，尽可能处于山灵水秀之处。

形势派的理论有雄厚的文化底蕴，代表人物皆能真正谙熟风水学的精华所在，并触类旁通，将其运用到建宅、筑城、兴宫以及军事等诸多领域。如刘秉忠、赵秉温和明代的刘伯温，正是元大都的选址人与规划者。

形势派又主要分为峦头派、形象派、形法派三大派别。峦头派，又称峦山派，可细分为大峦头与小峦头。

大峦头从整个的大形势大环境着眼，如山川

形势和建筑的外部自然环境的选择。主要理论是"负阴抱阳"、"山环水抱必有气"、"觅龙（主山脉——大环境的地理形势）、察砂（土壤资料——农业）、点穴（寻觅主要地区）、观水（水源及不积水）、取向（阳光阴影、气流方向——适宜居住）"等古典地理五科。操作方法是"相土尝水法"和"山环水抱法"。

小峦头着眼与现实的可见的环境，比如主张建房或选房要"背山、向阳、面水、案山好"，一般的居家环境选择性比较强。

形象派，因为把山的形势看做某一物体而得名。

形法派，指的是在形象化的基础上应用峦头派的一些法则，主要是论述形象与穴配合的法则。

2. 理气派

理气派又称为术数哲学，或者福建派。该派则源于汉代中原的图宅术，后来兴盛于福建，故后来称为福建派。

这一派的理气之法主要依据《周易》的原理以八卦、十二支、九星、五行为四大纲。主张

“人因宅而立，宅因人而存，人宅相扶，感应天地”。主要理论来自八卦术数与占星术，论及“阴阳、五行、干支、八卦、九宫、易卦等相生相克”。依靠的是罗盘，主要操作方法是依照元运，注重方位朝向和布局，选择房屋最佳定位以及屋内动线。

理气派主要术数为“九宫八卦法”、“十二地支法”和“易卦法”。运用的形法、理法、日法和符镇法是确定城市选址、建房及其装潢的基本方法。所以在无龙可觅、无砂可察、无水可观的平原地区以及无特殊地貌特征的城市内部的住宅选址中，理气风水的教条性和模糊性仍普遍为当今风水人士所沿用。

理气派的最初的分支主要有飞星、六法和易卦等。

飞星法，运用三元九运，将天地，人，时空联系起来，运用时空合一的“风水罗盘”为阴阳宅断应吉凶。房屋以起造或迁入年立命；

六法派，则是运用二元八运，随运论断。

易卦派，使用先天河图六十四卦配合元运而操作，相传为风水正宗，非入室弟子不得真传。

香港代表为陈倍生大师所创立的“妙派风水”。

后来，理气派因理论分歧，传至唐宋之后逐渐分为多个派别，主要的就是玄空派，另外三元派、三合派、九星派之说。但有研究者认为所谓的三元三合等只是用法，不同的用法有不同的用处，是将某种用法换个名称生出一个新派，而实际上，三元三合九星实为一个整体。

玄空学上文已有著述，它虽然属于理气一派，但在长期的实践中，因为玄空效果最为显著，所以成为了今天最主流的风水学流派。

从一开始，理气派研究者大多是粗通文墨，因而发展到后来有些风水师挟术数以之为谋生手段。但是，流传到今天，该派的风水理论在东南亚和港澳地区仍具有持久的生命力。

总之，这两大派的风水理论在后来的发展中趋向于互相补充，从而进一步完善各自的理论体系。

第五章
走出中国的世界风水

风水学是中国的本土文化，是中华民族的优秀传统文化。和其他优秀的文化一样，从公元7世纪至16世纪，风水学就在中国的周边国家和地区传播；16世纪以后，逐渐扩展到欧洲国家；近几年，欧美等国又掀起了新的“中国风水热”浪潮。

风水文化之所以在世界范围盛行，其原因有很多方面，一方面，大自然环境正在受到破坏，环境污染、人口膨胀、资源危机、水土流失、气候反常等，已经威胁到人类的生存；另一方面，小环境即日常居住和工作中的环境也不尽人意，房子都是建筑成单调的格子，毫无生机可言，生活在其中的人枯燥而压抑。中国的风水文化集“天、人、地合一”的和谐思想，不但从心理上满足了人的需要，而且有一定的实用价值。

以下是具有代表性的国家和地区，简要介绍一些风水文化的传播状况。

一、东方国家与地区

1. 日本

大约是公元6世纪，中国传统风水传入日本。中国与日本有很多相同的文化传统、文化习俗，甚至可以说日本是中国文化的延伸地。所以，风水传入日本以后，很容易就被接受，城镇和庙宇建筑的布局是最初受到影响的领域，其后很快扩展到其他建筑领域。日本通常使用“家相”一词来代替“风水”。

江户时期，日本就出版了日文的风水理论著作，如蒲松东机的《家相大全》、益蒲银鹤的《相家》。而《相家》被认为是在中国《宅经》的基础上写成的。

京都市的选址，运用的正是中国传统的风水

理论。城市的各个方向与一定的地理景观环境密切联系。北方玄武，对应着山脉和丘陵；南方朱雀，对应着池塘或稻田；西方白虎，对应着大道；东方青龙，对应着河流。

中国风水传入日本之后，也相应地分为“家相”和“墓相”两部分。日本人盖房时，通常都要请家相师（风水师）来选定地基和开工日期，并净化宅基，以求吉祥平安、财运亨通。

现代日本学者，开始从文化角度对风水作深入研究，内容涉及民俗学、社会学、人类学、历史学、建筑学等。

如今日本有近2200所大学，其中约110所大学都正式开有风水班，许多专科大学的建筑教授都在研究星相风水。日本一流的建筑师冈本先生所著的《配合阳宅学的间隔设计》一书，是宇宙气场与现代建筑结合的应用典范。

2. 朝鲜半岛与韩国

大约在公元7世纪，中国风水思想传入朝鲜半岛。

在朝鲜的历史文献中，明确记载风水内容的

为数不少，例如在高丽时代，风水说在政治上占了相当大的比重。复旦大学韩国问题专家孙科志：“高丽时期的韩国是佛教国家，当时风水非常流行……”关于老百姓日常生活中的风水事例也有记载，比如将祖先埋于明堂，其后世子孙就发达；为争取明堂而出现了争斗等。

汉城亦是根据风水理论来设计建筑的。位于汉江北岸，周围环山，中央呈低凹的盆地。汉江绕汉城的东边和南隅，向西流入黄海，正是风水理论中的金鸡吉利形象，周围群山环抱，只在南方敞开，四周的山川为守护，实为一块风水宝地。

汉城北边的北岳山，其形态宛如一个正三角形。属木山。庆北宫的西边是仁王山，其形态是典型的金山。

汉城南向的冠岳山，形态宛如火花，属火山。为抑制火气，于光华门设置了一座水生动物——海獭石像。

20 世纪 70 年代，世界上第一个风水学博士学位由韩国人尹弘基在美国获得。

1976 年，尹弘基出版了英文版的《韩国堪舆研究——风水的文化与自然之关系》一书。书中内容涉及风水思想的哲学基础，风水的地形和土壤状况原则、水和风的原则等等。介绍了人与自然关系在风水中的物质性和非物质性因素等。而他在 1982 年的《环境循环论——中国早期的风水思想》中，用图表的方法将郭璞的《葬书》中关于阴阳之气成风成雨的过程概括为“环境循环论”，这表明中国的有机自然观较西方进步得多。

到 80 年代后，韩国风水研究进入了一个兴盛期，并形成了自己独特的风格。其研究角度大多从历史学、地理学出发。

2004 年 7 月，韩国公布了按“燕歧—公州”方案迁都的决定，韩国地理风水学会的 38 位专家学者曾来北京考察风水布局，并召开首届国际堪舆学术研讨会。从迁都的想法首次被提出以后，雇请了大概 400 名风水师，为新首都及包括建筑总统府寻找最理想的地点。

公州的风水以芦岭山脉发脉，于鸡龙山起峰，再于公州落脉，前面有锦江——大清湖作为环抱，车岭山脉作为案山，坐西南向东北。基本上符合中国风水山环水抱的“地理”之道。

3. 新加坡与马来西亚

中国风水传入新加坡后，受到广泛重视。

观音堂庙，三面环山，地高临海，正是中国风水理论中好地势之“坐山望海”之势。玉皇殿，背山面海，完全符合“前要照，后要靠”的原则。

在新加坡，风水已成为一种广泛的民俗文化。当地的许多建筑都是按照风水师的意见设计的。

风水习俗在马来西亚同样很流行。

槟城的极乐寺，所在的小山有仙鹤飞升之感，而其左有龙山，右有白象山，是完全按照理想的风水模式选址的。

吉隆坡市的王孙益集市商场，建筑在一座地势极好的小山上，而其正面入口的朝向有意避开正对大马路。马来西亚航空公司总部、布鲁梅塔和马来西亚联合工业公司等，均是照此方式设计的，符合风水的选址时平衡大小道路的原则，现在看来，此设计使这个地区的建筑物之间能保持一种协调平衡。

4. 其他东南亚国家

东南亚是华侨比较集中的地方，而越南、柬埔寨、老挝、泰国、菲律宾和印度尼西亚等国，同样受到中国风水文化的影响。具体表现大都是以方位理气为主的阳宅风水，其情形和新加坡、马来西亚很相似。

二、欧洲各国

欧洲人对中国风水的接触，始于传教士来华之时。20 世纪 70 年代末到现在，风水建筑文化更是备受青睐。

西方环境学于二次大战以后开始发展。西方环境行为学的构架有生理的需要、信息的需要、社会的需要。就是中国风水的天、地、人的和谐，与风水理念不谋而合。

意大利人接触到中国风水，应该是由利玛窦从中国带入的，在其著作《中国传教史》中，就有："地理师根据山陵、河流、地理位置来预知吉凶。看风水对西方人来说是很新奇的。风水师认为风水能决定一家人的健康、财运、功名成就，及已知祸福，真是愚昧极了。”

德国的艾德，亦著有《风水——中国自然科学的萌芽》，在书中，他探讨了中国的风水理论：“什么是风水？这个问题在近 30 年来一直被人们探讨，因为自从外国人允许在大清帝国这个陌生的国家定居后，风水问题总是不断地困扰着我们。当人们买块地，建一座房子，推倒一堵墙，或升一根旗杆，住在通商口岸的居民遭到了数不清的困难，所有这些都用看风水来解决……”

德国当前兴起了生物住宅热，生物房屋对住宅环境的优选十分讲究，其标准就是中国古代的风水学。

英国的伊特尔也著《风水，古代中国神圣的景观科学》，文中写道：“在我看来，风水无论如何是自然科学的另一种名称。”他将风水中所谓的理、数、气、形，分别归纳为自然的法则、自然地数值化、自然的气息和自然的外形，认识到了风水中的有机整体自然观。

19 世纪，华工把中国风水带去了美国。但直到 20 世纪 70 年代前后才在美国开始发展。

20 世纪五六十年代，美国诞生了“生态建筑学”，理论与中国风水思想不谋而合。1984 年，托德夫妇出版《生态学设计基础》，指出了风水与现代太阳能建筑、覆土建筑及地下建筑等生态学建筑形式的种种相同性，认为风水包含有深邃的智慧，是对大自然谦卑、恭顺行为的指南。

美国城市规划权威开文·林奇在《都市意象》一书中，指出风水理论是一门“前途无量的学问”。美国目前 17 所大学开设易经风水等专业，至少有 12 所专业学校，提供长达 1 年的课程，学生学习后要考试，而且只有考试通过，有证书才能执业。

在美国，风水以学术思想的方式受到重视，特别是建筑设计、环境规划和城市规划等相关学科。由此而发展到世界性的研究，证明中国传统的风水理论的精华——天、地、人合一，即人与自然的和谐，其精神得到了新的理论升华。

附　录：
风水学经典奇文

《青囊经》

上卷

天尊地卑，阳奇阴偶。一六共宗，二七同道，三八为朋，四九为友，五十同途。阖辟奇偶，五兆生成，流行终始。

八体宏布，子母分施，天地定位，山泽通气，雷风相薄，水火不相射。

中五立极，临制四方，背一面九，三七居旁，二八四六，纵横纪纲。

阳以相阴，阴以含阳。阳生于阴，柔生于刚。阴德宏济，阳德顺昌。

是故，阳本阴，阴育阳，天依形，地附气，

此之谓化始。

中卷

天有五星，地有五行，天分星宿，地列山川，气行于地，形丽于天，因形察气，以立人纪。

紫微天极，太乙之垣，君临四正，南面而治，天市东宫，少微西掖，太微南垣，旁照四极，四七为经，五德为纬，运斡坤舆，垂光乾纪，七政枢机，流通终始。

地德上载，天光下临，阴用阳朝，阳用阴应，阴阳相见，福禄永贞，阴阳相乘，祸咎踵门。

天之所临，地之所盛，形止气蓄，万物化生，气感而应，鬼福及人。

是故，天有象，地有形，上下相须，而成一体，此之谓化机。

下卷

无极而太极也。理寓于气，气囿于形，日月星宿，刚气上腾，山川草木，柔气下凝，资阳以昌，用阴以成，阳德有象，阴德有位。

地有四势，气从八方，外气行形，内气止生，乘风则散，界水则止。

是故，顺五兆，用八卦，排六甲，布八门，

推五运，定六气，明地德，立人道，因变化，原终始，此之谓化成。

《玄空秘旨》

不知来路，焉知入路，盘中八卦皆空；未识内堂，焉识外堂，局里五行尽错。乘气脱气，转祸福于指掌之间；左挨右挨，辨吉凶于毫芒之际。一天星斗，运用只在中央；千瓣莲花，根蒂生于点滴。

夫妇相逢于道路，却嫌阻隔不通情；儿孙尽在于门庭，犹忌凶顽非孝义。

卦爻杂乱，异性同居；吉凶相并，螟蛉为嗣。

山风值而泉石膏肓，午酉逢而江湖花酒。虚联奎壁，启八代之文章；胃入斗牛，积千箱之玉帛。鸡交鼠而倾泻，必犯徒流；雷出地而相冲，定遭桎梏。

火克金兼化木，数惊回禄之灾；土制水复生金，自主田庄之富。木见火而生聪明奇士，火见土而出愚钝顽夫。无室家之相依，奔走于东西道路；鲜姻缘之作合，寄食于南北人家。

男女多情，无媒妁则为私约；阴阳相见，遇

冤仇而反无冤。非正配而一交，有梦兰之兆；得干神之双至，多折桂之英。

阴神满地成群，红粉场中空快乐；火曜连珠相值，青云路上自逍遥。非类相从，家多淫乱；雌雄配合，世出贤良。

栋入南离，骤见厅堂再焕；车驱北阙，时闻丹诏频来。苟无生气入门，粮艰一宿；会有旺星到穴，富积千钟。

相克而有相济之功，先天之乾坤大定；相生而有相凌之害，后天之金木交并。

木伤土而金位重重，虽祸有救；火克金而水神迭迭，灾不能侵。土困水而木旺无妨，金伐木而火焚荧何忌。

艮交震巽七运无碍。文兼武破要用弼星。贪若兼巨龙须震巽。破武遇弼兼贪反吉。吉神衰而忌神旺，乃入室而操戈；凶神旺而吉神衰，直开门而揖盗。

重重克入，立见消亡；位位生来，连添财喜。不克我而我克，多出鳏寡孤独之人；不生我而我生，乃生俊秀聪明之子。

为父所克，男不招儿；被母所伤，女不成嗣。

后人不肖，因生方之反背无情；贤嗣承宗，缘生位之端拱朝揖。

我克彼而反遭其辱，因财帛以丧身；我生之而反被其灾，为难产以致死。

腹多水而膨胀，足以金而蹒跚。

巽路水宫缠乾，为悬梁之犯；兑位明堂破震，主吐血之灾。风行地而硬直难当，室有欺姑之妇；火烧天而张牙相斗，家生骂父之儿。

两局相关，必生双子；孤龙单结，定主独夫。

坎宫高塞而耳聋，离位摧残而目瞎。兑缺陷而唇亡齿寒，艮伤残而筋枯臂折。山地被风还生疯疾，雷风金伐定被刀伤。

家有少亡，只为冲残子息卦；庭无耋耄，多因裁破父母爻。

漏道在坎宫，遗精泄血；破军居巽位，颠疾风狂。开口笔插离方，必落孙山之外；离乡砂见艮位，定遭驿路之亡。

金水多情，贪花恋酒；水金相反，背义忘恩。震庚会局，文臣而兼武将之权；丁丙朝乾，贵客而有耆耄之寿。天市合丙坤，富堪敌国；离壬会子癸，喜产多男。

四生有合人文旺，四旺无冲田宅饶。

丑未换局而出僧尼，震巽失宫而生贼丐。

南离北坎，位极中央；长庚启明，交戢四国。健而动，顺而动，动非佳兆；止而静，顺而静，静亦不宜。富并陶朱，断是坚金遇土；贵比王谢，总缘乔木扶桑。辛比庚而辛要精神，甲附乙而甲亦灵秀。癸为元龙，壬号紫气，昌盛各得有因；丙临文曲，丁近伤宫，人财因之耗乏。

见禄存，瘟癀必发；遇文曲，荡子无归。值廉贞而顿见火灾，逢破军而多亏身体。四墓非吉，阳土阴土之所裁；四生非凶，卦内卦外由我取。若知祸福缘由，妙在天心橐钥。

《过路阴阳》

“二十四山向”经文——**论砂**

一白方

为后天坎卦，方位壬子癸。

壬砂发武贵，秀峰高大位。

出入佳备有，大名振海内。

再得丙水照，儿孙以文会。

子砂定发富，家有金钱库。

形若兼破军，兴家是寡妇。
远近午水照，丑名亦不顾。
癸砂女当家，发在上元花。
不问男和汉，惧内定数他。
远近丁水秀，丁财足可夸。
形若葫芦样，矮郎要怕她。
坎卦砂兼有，形要梭子样。
不问阴阳宅，曲抱在其中。
立向宜留意，不要逼压宫。
隔溪并隔水，见之不为凶。
形如中然断，名为寒透风。
丁损财亦耗，定主不丰隆。
若无离水照，孤苦不贫穷。

二黑方

为后天坤卦，方位未坤申。
朱砂能发财，行为不正来。
军赋与土匪，名臭通六街。
形若名夕秀，丑水照当怀。
也可置田庄，农家乐和偕。
坤砂叠叠起，真是上元花。
妇女持家政，把酒喝桑麻。

女儿个个俊，发福庆万年。

若得艮水照，血财发无涯。

不许形破军，七权与飞斜。

申砂女儿美，圆面与长腿。

形若兼秀起，勤能通义理。

若与寅水照，丹青画优美。

坤砂砂完全，金城一照眠。

上中丁财盛，家富积银钱。

如得艮水照，福寿又双全。

局大官清正，内助有名贤。

三碧方

为后天震卦，方位甲卯乙。

一马不断甲龙宫，上中时势大吉风。

若得庚酉波浪起，管教顺利运不穷。

苦在湖中连天涌，定是交鹅影雁中。

卯砂能致富，血财发无涯。

长子风四海，性好采野花。

形若几案拱，威名振三通。

形如鸡爪样，军贼产其家。

若照单酉水，多生女娃娃。

乙砂发文章，几个读书郎。

形势朝篇起，为官名振扬。
形如笏笔样，翰墨字亦香。
若遇辛水照，尤主内贤良。
震方全体砂，文武共兴家。
若配乾兑水，上中一鲜花。
形要贪狼样，人秀分外嘉。

四绿方

为后天巽卦，方位辰巽巳。
辰砂虽发富，匪人其家住。
财源不正来，名臭也不顾。
六亲均无助，相逢似行路。
形若破碎斜，怕遭非命故。
巽砂女主家，村邻赞许她。
形如贪狼样，男女大名鼎。
苦得乾水照，定发上元花。
巳砂文书发，中子称美豪。
形如赤蛇绕，官清似尔曹。
形若葫芦样，有子有方丈。
形若尖峰起，财高名声大。
巽位砂完全，正助上中大。
为人吉幸福，此处卜中眠。

若得乾午水，父子名声贤。

为官官也正，不贪人民钱。

六白方

为后天乾卦，方位戌乾亥。

戌砂号大星，定主回禄惊。

形若兼破碎，亦怕鼓盆吟。

形如反门背，为资不投军。

若遇辰水照，逆水乱胡行。

乾砂老父伤，小子泪汪汪。

形若破军样，亦主非命亡。

形若单胀路，人巽私去娘。

巽水勺井样，公媳共一床。

亥砂天皇皇，家生夜啼郎。

形若十丈起，发富不久长。

巳水方形照，僧人入香房。

夫君配秃子，丑名不可扬。

乾方一体砂，上中时败家。

老父心无主，行事乱如底。

再遇辰巽水，杏仁野挑花。

子媳长少绝，定是砂飞斜。

七赤方

为后天兑卦，方位庚酉辛。
庚砂惹祸端，杀到主见官。
甲水对官照，长子绝嗣完。
形若飞刃下，是非闹不发。
酉砂直硬来，丑名怀私胎。
哑儿因此出，毒入口难开。
长子多斩嗣，绝朝有愁怀。
卯水再对照，定是要破财。
辛砂主肺痨，肝病焉难逃。
再遇乙水照，小口似风摇。
兑砂砂满现，子宫难名见。
长舌妇女有，男女把天怨。
官非时不断，心田不良善。
再照辰巽水，奸猾百诈变。

八白方

为后天艮卦，方位丑艮寅。
五砂为贼盗，名被他人告。
形若拖刀样，屠夫手快妙。
少男人丁绝，家财人争闹。
艮砂没儿郎，胎元受其伤。

小口难抚养，尤主家不祥。
形若七桠叉，先绝是小房。
坤水对面照，腹病妇女亡。
寅砂出增道，或出医师妙。
形如三角样，犬浪偏遇到。
六指或产出，学道有心窍。
艮位砂完全，凶现在三元。
形为都不正，是非多缠绵。
穷郎与乞丐，到处惹人嫌。
未坤水对照，夫妻不团圆。

九紫方

为后天离卦，方位丙午丁。
丙砂太不强，中子目定育。
形若高尖起，亦主吐血亡。
壬水再对照，先绝是二房。
午砂出穷郎，亦主非命亡。
形若三角起，双目一起伤。
心痛为小事，野郎伴似娘。
子水再相见，吐血面皮黄。
丁砂病不祥，药炉不离房。
形若一条枪，尤伯非命伤。

形苦探扒样，军贼枪下亡。
癸水登清蓄，定有寡妇娘。
高位全体砂，上元是败家。
绝二又绝长，四九配交叉。
五官形不正，难比施公斜。
壬子癸水照，断定是绝家。
无论阴阳宅，切忌犯离砂。
离灶与离路，都宜改换它。

“二十四山向”经文——**论水**

一白方

后天壬子癸，坎位。

壬水没儿郎，先绝是二房 。
形如一箭去，小口命难长。
形如葫芦样，亦主腰院伤。
四季澄清蓄，尤主淋卵襄。
子水一条沟，流去不回头。
无子身逃外，凶死一笔勾 。
形如襄棠袋，妇女把命休。
癸水妇不育，常为夫羞辱。
亦主黄鹤怨，孤灯独伴宿。

形若不齐正，犹被婆姑逐。
形若一条枪，毒死夫常哭。
坎卦是汪洋，流若通两旁。
流乾老父乖，流艮俊儿郎。
聪明怕自误，身体算不强。
流芳通巽位，绝世长二房。
形如七椏叉，财产不绵长。

二黑方

后天坤，方位未坤申。
末水出盗贼，事犯产没收。
形若斜飞去，战场寻尸骨。
坤水伤妻房，贤妇不久长。
形若破军样，定主胀病亡。
申水伤小女，亦主客路亡。
形如团圆聚，定主是飞娘。
坤卦水当先，巫婆小姑仙。
流神通丙午，儿郎死父前。
水龙入兑位，阴邪一处眠。
形如三叉口，飞刃妇身边。

三碧方

后天震卦，方位甲卯乙。

甲水主贫穷，长房不兴隆。
形若斜飞去，定主长绝踪。
黄肿大等胀，都应长房宫。
卯水属同人，先富小财神。
家物他人有，伯道在本身。
形如方深聚，近时对城门。
暂可不言凶，终究假与真。
乙水曲曲钩，叔嫂暗相偷。
形如破军样，肝疯病不休。
临卦主运乱，财富不到头。
震卦沟塘破，其家定遭殃。
流神通巽地，宫飞巳次过。
良水若交会，兄弟时目怒。

四绿方

后天巽卦，方位辰巽巳。
辰水盗贼来，抄家并抢财。
形若一条枪，命因恶死理。
形如塘三角，军贼命之该。
形为都不正，抢劫开心怀。
卖水女淫乱，性偏爱老即。
形如鸭公脚，公媳共一床。

形若飞斜去，私奔到异乡。
口舌因此起，兴讼到公堂。
巳水配秃部，僧人入香房。
夫若头无发，假夫假久长。
形若七八椏，秦楼楚馆娘。
算卦满水汪，出人为匪狂。
吃喝与嫖赌，贪恋将家亡。
水若流入坎，必定抢余娘。
水如流坤地，个个伤妻房。
流神通到乾，小女必为娼。
最怕聚震位，儿朗往西方。

六白方

后天乾卦，方位戌乾亥。
单戌水，土豪家，暗通匪类性如麻。
形破军，囚官衙，妻子假坏不救他。
乾水长，最为良，老父兴家寿而康。
属宽大，必官郎，少子回家近道旁。
形曲曲，已现光，读书就有声名扬。
亥水塘，方团汪，天生小儿夜哭郎。
天皇皇，地皇皇 ，不犯亥水寿命长。
乾卦全是水，不嫌短与长。

在天如奎照，在地为文昌。
无论阴阳宅，遇之发其祥。
形若不斜飞，为官声名香。

七赤方

后天兑卦，方位庚酉辛。
单庚水，武爵封，庚子庚孙在其中。
形势大，对奇峰，师团旅长威名雄。
酉水来，一线收，江湖花柳快风流。
形宽大，女多愁，愁的夫妻不到头。
辛水秀，文人夸，澄清形正美女娃。
方与宽，莫嫌他，得元兴隆富贵家。
兑水源源来，必定发横财。
流神通丙午，挥金土内埋。
龙神趋乾位，父子上讲台。
无论阴阳宅，得之皆和乐。

八白方

后天艮卦；方位丑艮寅。
丑水好，发田庄，行为不正作事强。
形宽大，臭钱襄，有事与匪好商量。
艮水高，儿郎多，身骑竹马弟与哥。
文书事，美锦罗，男男女女都吟娥。

单寅水，心巧玲，医药中医数大名。
丝与竹，绸善平，泉后隐居乐辛勤。
艮位水汪汪，上中胎元强。
田园家快乐，少男名子香。
长子能致富，中子为仕郎。
小媳无新为，挟室上高堂。
通午与流兑，发福均至强。
流坎并流巽，一点不为良。

九紫方

后天离卦，方位丙午丁。
丙水汪，上中良，无论宽大发儿郎。
太微水，寿星光，擢官擢财水中央。
午水来，光不开，桃花滚滚惹愁怀。
形不正，心耗财，嫖赌逍遥大快哉。
丁水流，有良田，局大正齐晤牛眠。
人文盛，笔墨全，少为辛勤福寿绵。
离卦水全通，三阳庆大功。
流若乾方去，八代诗书坟。
若是流兑出，江湖花柳中。
若能流艮出，也主田宅崩。

金锁玉关（一）

混饨初开立五方，乾坤日月布三纲。
周天方象排星斗，天清地浊理阴阳。
风雨雷电皆虚气，山岗水阔有良方。
乾天坤地分高下，置成顺理送纳常。
排成甲子周天地，配合男女两成双。
四时八节分昼夜，九宫八卦接天罡。
五行颠倒推千转，金木水火土中央。
一百二十诸神煞，九十四位吉凶将。
几位年并月方利，几位日吉与时良。
乾山艮水人丁旺，巽上满墀大吉昌。
离上来龙临坟位，子孙代代出文章。
田庄人口年年盛，衣紫腰金佐朝纲。
门前曲曲弯弯过，世世荣华又远昌。
西北路上气昂昂，此地名为吉庄扬。
家家兴隆多豪富，四下平正是天堂。
前高后低难长久，后高前抵广田庄。
东低西高名逆地，水流震宫不相当。
虽然流去无妨碍，亦主人丁窜远方。
东高西低为泽地，定主后代出贤良。
强然不动皆富贵，后代儿孙作栋梁。

宅后池塘主贫乏，又主无嗣腹嗽肠。

当前冲水伤五箭，定主痨伤出灾殃。

若然冲破二位上，后代淫乱没主张。

却然流去无妨碍，宅后池塘渐渐伤。

巽上取水难长久，总然富贵不为祥。

堂后污地为绝地，东北两箭最难防。

却然富贵无多载，十五年后定有伤。

后高前低为上吉，壬子旺相进牛羊。

资财仓库皆茂盛，富贵荣华大吉昌。

后有丘陵前有污，弯弯曲曲透长江。

进财添丁牛羊旺，子子孙孙福寿长。

四边低洼正中高，水流四散杀人刀。

总然四下成龙虎，二十四年主失抛。

门前有石倒尘埃，贼盗临门殃愁怀。

官事口舌年年有，神箭难防暗射来。

四边高广正中低，此地名为地狱池。

家门衰败难为厚，阴盛阳衰事渐亏。

前窄后宽盛足夸，家道兴隆定富华。

子孙昌盛临官照，田园丰厚足桑麻。

前宽后窄不须言，定主家乏卖尽田。

子孙逃出他方去，只因口大犯凶拳。

风雷高广天泽低，有粮有谷足生意。
出门车马皆随足，儿孙代代做官厅。
左伸右缩最为良，艮上来龙丁财祥。
鹰行人仪家和顺，后代儿孙紫衣郎。
猪羊牛马成群走，四十年后渐渐扬。
子午足足主宽怀，年年进禄广招财。
见官得喜方化吉，一世衣禄笑颜开。
总然富贵田产旺，后代不脱子孙来。
玄武高来朱雀低，门前几道九龙地。
东青龙来西白虎，福寿双全受孤悖。
两边流水冲中间，前高后窄定招难。
人离财散招官事，勇为盗来女要顽。
水浇孤村去又来，其中妙里实难猜。

金锁玉关（二）

世人不识其中妙，山旺人丁水旺财。
三山玄武气昂昂，水流东去复潮堂。
路冲坤道通来往，不做公侯做栋梁。
去水来山福寿全，绕腰金带出美贤。
若得来龙正穴上，代代儿孙出魁元。
辰卯青出申末墀，乾涛坎丘福寿齐。

丙丁曲水朝拱向，绿袍象带拜丹墀。
西上高岗卯上低，午边广阔后污池。
男女内乱无高下，房中寡妇受孤凄。
地方广阔四边平，任订立宅去安营。
不问山来并去水，家道兴隆百事盈。
营后沟河切莫宜，儿孙流落走东西。
阴人眼目来残害，少吃无穿受孤凄。
草目鲜明色又佳，中间立宅万人夸。
此地名为龙穴地，安营立宅定荣华。
宅后青山数丈高，前面池塘起彼涛。
东南流水滔滔滚，九重直上做班僚。
百事如意家道盛，左右邻田买进家。
不信挖出三四尺，轻肥前狭后萱华。
坟前穿道最难当，儿孙流落去远方。
总然存住皆贫泛，二十年后破败家。
地如馒头四下低，四下流水透长溪。
高岗岭上难成立，造房安营切莫宜。
八风吹散人丁绝，错认时乖时运低。
水透青山世所稀，龙盘虎绕两相宜。
玄武如峰高六位，中间一块做坟基。
多生聪明伶俐子，庄田牛马库全资。

此地两边生瑞气，二十年中跃龙池。
鸡卵相争最为良，挖深三尺见龙塘。
不信左右龙骨在，前窄后宽甲鳞芷。
立宅安营是富贵，定生贵子挂金榜。
时师岂晓玄中妙，紫气昂昂远四方。
顺绝山岗葬个坟，腾蛇文地生贫穷。
田产卖尽他乡去，此耿痴腿眼睛昏。
坟前两修厥头沟，营后弯弯土一丘。
东西若有人行道，儿孙强暴不温柔。
此地名为牧牛地，凶横年年祸事愁。
不信挖出现仔细，一双石子在里头。
平地三墩势若峰，更兼震卯与来龙。
北有山岗西有道，中间一块做坟靠。
此局金鸡抱蛋地，定主富贵出英豪。
不信其中生瑞气，挖深三尺出铜瞧。
宅后人家势若峰，犹如交椅一般同。
立宅安营多富贵，圣子贤孙保朝封。
止风聚气真是妙，紫气腾腾四方飘。
森森树木绕山岗，一弯流水透长江。
东西龙虎相连接，坡地安营大吉昌。
莲池藕地人难识，子孙兰桂主声秀。

不信深挖仔细观，藤根九尺有余长。
地似鼓形最为奇，定然此做坟营地。
何用山来并去水，发福兴隆百事宜。
玄武高来朱雀低，若有福人葬此地。
田园六畜人丁旺，后代儿孙做紫衣。
东西若有神堂庙，儿孙必然广田庄。

金锁玉关（三）

唯忌逆水伤人箭，后代儿孙主败亡。
立宅安营莫避阳，避阳阴气不相当。
却然富贵难保后，常常孤妇守空房。
造房立营莫向东，向东水流去无踪。
虽然目下无灾害，三十年中定主凶。
立宅安营莫向西，坤申逆水最难医。
虽然富贵无多载，定主逃亡四败离。
住宅安营莫向北，向北主家鬼神哭。
少年衣服都属脊，财政人亡主破屋。
立宅安营向东南，万物朝阳气轩昂。
后要栽松前栽柳，四边围护内安康。
家常平安人安乐，祖遗砂水子孙昌。
莫来山水临官旺，福来无穷渐渐扬。

青龙乙脉起峰豪，丙丁潮水又相招。
庚辛位上蛇形露，壬癸山峰重重高。
戊已位上安一墓，儿孙将相出英豪。
此地名为四相地，安营立宅最为高。
东南广阔做峰墀，艮乾朝港最可宜。
泽西弯曲离边绕，任君立宅做坟墓。
此地名为凤凰地，朝阳春色四时奇。
有福凤凰身上葬，儿孙代代穿紫衣。
丙上沟渠丁上流，辛酉青龙发动舟。
四下厥沟为四足，名为龟地好兴楼。
不问居住并下葬，儿孙强盛足田畴。
猪羊牛马成群走，荣华富贵出诸侯。
玄武高来丘陵怀，有水有库有余财。
山水相交为上吉，一弯流水去向来。
此地名为狮子地，儿孙执笏拜金谐。
前后又无山共水，因甚荣华福寿齐。
不信深挖三四尺，一团阳气耀光起。
平川之地有山岗，山岗安营大吉昌。
住宅安营向东南，去水流山仔细看。
院里水从长卖出，井泉须向卯边潜。
开门莫负天罡诀，三五六七祸如山。

又如财门四六七，家和子孝父心安。
正屋面前偏一墙，莫呼风箭透门堂。
天文地理体违拗，九宫八卦定阴阳。
安营立宅不忌方，不论平地与山岗。
不问郭摸天罡诀，百般安营家道昌。
岂绕连平惹祸殃，家门破败人口损。
艮方妙诀莫知晓，方知郭漠有阴阳。
此地皇子多吉庆，莫人知晓泄天机。
安营立宅不用师，不论山岗与高低。
又要年向月方利，论甚阴阳妙诀师。
家财破败人口伤，说他时乖命运低。
本付天机真妙决，恐他与后错推寻。
政将金锁重重论，扫尽师人无细心。
认得天文和地理，才知妙理值千金。
金锁玉关非容易，熟习牢记莫为轻。
仙家秘授真口诀，细心参洋要当心。
困穷不过十三载，看他家败又损丁。
透出青山世所稀，龙盘虎居两相宜。
前面天池如月样，西南丘陵乱箭堆。
朝城后转贪狼势，玄武昂昂文武归。
师人若识玄中妙，中间一块作坟地。

多生聪明贤进主，儿孙必到凤凰池。
紫气昂昂远四方，安营主宅最为良。
左右允冲后无箭，田园茂盛子孙昌。
平川之地没山岗，踏看坟基取妙方。
但看坟基高才用，花离唯要水流长。
会看远山流进水，龙吟虎啸两相当。
八方周围寻戊已，向近子午定山岗。
雷上波涛总不宜，风吹疯瘫受孤凄。
家门衰败难为厚，儿孙逃脱走东西。
不请名师另安葬，定然贫乏不相宜。
三叉河口葬个坟，水流左右要相应。
时师不识玄中妙，三十年中出贵人。
坟田中间又葬坟，不知坟是什家人。
若是葬人他家祖，定然存亡两不灵。
丧家若不失人口，葬后不久死师人。
坟前坟后两家当，人行左右实可伤。
贫穷不过十三载，看他家败与人亡。
墓前坟葬最不高，必主儿孙四散逃。
可恨师人无眼力，占他风水两相调。
宅后沟河活水流，左皤右绕有刚柔。
前面若有波涛流，富贵荣华永不休。

乾民广阔通大道，定生贵子出王侯。
人家宅后有池塘，虽然富贵也不祥。
定生风流浪荡子，三十年中主败亡。
人家住宅要朝向，玄武必要护峰场。
前柳后遗多吉庆，自然富贵足田庄。
前面无遮朱雀孤，后园无护玄武虚。
前后相遮多安稳，自然家道足丰余。
营后池塘最不宜，定主儿孙四散离。
凶灾破败伤人口，早请时师择地移。

《堪舆漫兴》

刘伯温

山祖

昆仑山祖势高雄，三大行龙南北中。
分布九州多态度，精粗美恶产穷通。

水源

南海长江鸭绿江，黄河四路水汪汪。
界来三干分南北，消息机关在此藏。

北龙

北龙结地最为佳，万顷山峰入望赊。

鸭绿黄河前后抱，金台千古帝王家。

中龙

中龙尊贵孰堪伦，水绕山环四海均。
我祖祖陵钏厥秀，须知昭代万年春。

南龙

南龙一干也多奇，当代高皇始帝基。
惟有金陵称胜概，高祖认作上天梯。

枝干

寻龙枝干要分明，枝干之中别重轻。
欲识真枝与真干，短长界水得其情。

干龙

天马行空气象尊，千军拥护度乡村。
前头门户有关闭，立郡迁都子又孙。

枝龙

擘脉分枝三两行，到头结作细参详。
直须辨别非桡棹，此地于人亦小康。

支垄

葬山支垄要旁烛，支葬其巅垄葬麓。
垄宜还伏支宜生，病垄死支莫驻足。

垄龙

垄龙行度势猛烈，脱煞就堂方是结。

时人不识撞其键，下后令人宗嗣绝。

支龙

支龙平地欠峰峦，眠倒星辰竖起看。
界水不明还是假，模糊星散不须安。

旁正

出身共此祖和宗，旁正详观自不同。
正结至尊如帝座，旁虽有穴欠全功。

粗嫩

粗中抽出嫩为佳，嫩可安坟老却差。
又有尽头名曰老，莫教一例断荣华。

长短

随龙长短辨低昂，龙若长兮福亦长。
一节有情一节好，短长节数任端详。

真假

真龙穿帐必中央，虚假模糊似破裳。
过峡还当观护送，有迎无送亦非良。

贵贱

分龙贵贱有蓍龟，贵贱攸分在动窥。
贵格星峰多振作，贱龙懒散欠施为。

祖山

龙楼宝殿势难攀，此处名为太祖山。

若祖端方孙必贵，亦须剥换看波澜。

少祖

近穴名为少祖山，此山凶吉最相关。

开睁展翅为祥瑞，低小孤单力必悭。

父母

问君何者为父母，穴后峨峨耸一山。

前后相生不相克，儿孙赴举不空还。

胎息

胎息之山一线长，万钧之力此中藏。

苟非束气何能结，漫散无收定不祥。

孕育

山家孕育是何形，不外峦头看化生。

有格有形方可取，入眸须得一团清。

来龙

娶妇惟求工德容，外家安得尽丰隆。

婚缘若也能相协，奁赠虽微福在中。

出身

辞楼下殿向前行，弃甲曳兵身始清。

臃肿牵连无跌断，家资虽有亦须倾。

开帐

贵龙重重出入帐，贱龙无帐空雄强。

龙不关帐穴不贵，脉不穿心不入相。

剥换

行龙剥换金宜土，若见火罗灾必来。

两臂展开有水救，阴阳相济亦奇哉。

龙过峡

过峡风吹不可当，尤嫌硬直大而长。

两边护送如周密，前面须知有栋梁。

枝脚

枝脚反背龙必假，枝脚归缠龙必真。

不知其父观其子，不知其君观其臣。

梧桐枝

上格行龙梧桐枝，枝分两翼各相随。

骨肉一家无剥杂，出入忠孝似皋夔。

芍药枝

中格行龙芍药枝，两边长短有参差。

嶂空补缺能包穴，此地人间亦白眉。

蒹葭叶

龙行下格蒹葭叶，枝叶虽偏左右均。

莫作寻常轻易看，亦能发福力千钧。

杨柳枝

杨柳枝条结真龙，边长边小随地行。

宫位偏枯形穴慎，奴从枝脚一边无。

卷帘殿试

却有偏生极鬼龙，名为卷帘登殿试。

不问偏斜弟黄甲，大缠大局穴真谛。

枝脚不均

龙脉枝脚分贱贵，左右长短在均匀。

枝长不均力轻小，蜈蚣虽短节节均。

背面

龙分背面有何徵，面可安坟背不成。

若是背时多陡岸，面生窝突更宽平。

宾主

两山相对为宾主，宾要有情主要真。

主若欹斜宾不顾，定知此地欠缘因。

奴从

融结真兮将坐营，前后左右拥千兵。

一呼百诺真堪爱，此结方知是大成。

余气

腰结从来有大地，何须二水尽交流。

世间多少寻龙客，余气都将作尽头。

立宅

问君阳宅要安居，此与安坟事一如。

人家无坟有善宅，宅与阴地力无属。

阳基

建都山水必大聚，中聚龙力为城市。

坟宅宜居小聚中，局阔局促细分明。

诸般挂例不须疑，穴正龙真便可为。

水不须关有案拱，绵绵瓜瓞与人期。

风水十紧要

一要化生开帐，二要两耳插天。

三要虾须蟹眼，四要左右盘旋。

五要上下三停，六要砂脚宜转。

七要明堂开睁，八要水口关栏。

九要明堂迎朝，十要九曲回环。

风水十不葬

一不葬粗顽块石，二不葬急水滩头。

三不葬沟源绝境，四不葬孤独山头。

五不葬神前庙后，六不葬左右休囚。

七不葬山冈缭乱，八不葬风水悲愁。

九不葬坐下低小，十不葬龙虎尖头。

风水十富

一富明堂高大，二富宾主相迎。

三富降龙伏虎，四富朱雀悬钟。

五富山奇耸秀，六富四水归朝。

七富山山转脚，八富岭岭圆丰。

九富龙高抱虎，十富水口紧闭。

风水十贵

一贵青龙双拥，二贵龙虎高耸。

三贵嫦娥清秀，四贵旗鼓圆丰。

五贵砚前笔架，六贵官诰覆钟。

七贵圆生白虎，八贵顿笔青龙。

九贵屏风走马，十贵水口重重。

风水十贱

一贱八风吹穴，二贱朱雀萧索。

三贱青龙飞去，四贱水口分流。

五贱摆头翘尾，六贱前后穿风。

七贱山飞水走，八贱左右皆空。

九贱山崩山裂，十贱有主无宾。

风水二十八要

龙要生旺，又要起伏；脉要细，穴要藏来龙要真，局要紧；堂要明，又要平；砂要明，水要凝；山要环，水要绕；龙要眠，虎要低；案要近，水要静；前要官，后要神，又要枕乐两边夹照；水要交，水口要关拦；穴要藏风，又要聚气，八国不要缺，罗城不要泻，山要无凹，水要不返跳；堂局要周正，山要高起。

风水二十六怕

龙怕凶顽，穴怕枯寒，砂怕反背，水怕反跳，穴怕风吹，山怕干枯破碎，水怕牵牛直射，砂怕送水走窜，水怕反局倾泻，对山怕挺胸，龙虎怕压穴，堂怕反斜，前怕枯井，后怕仰屋，窝穴怕顽闷，山峰怕八煞，水怕兼八煞，山怕坐泄鬼，水局怕黄泉，龙虎怕断腰，明堂怕野旷，穴前怕堕胎，来脉怕乘煞，高怕伤土牛，低怕脱气脉，脉怕露胎，风怕削顶，水怕淋头，又怕割脚，穴怕乘风，棺怕挨死，龙怕起浪，虎怕窜堂，罗经上面怕双金，立穴乘气怕火坑。

风水二十二好

龙好飞鸾舞凤，穴好星辰尊重，砂好屯军拥从，水好生蛇出动。

龙好不持王星，穴好凶星藏屏，砂好有朝有映，水好如蛇过径。

龙好迎送重重，穴好遮藏八风，砂好屯起千峰，水好形如卧弓。

龙好卓笔顿枪，穴好四正明堂，砂好朝阳秀

江，水好如弓上弦。

龙好有盖有座，穴好有包有裹，砂好有堆有垛，水好有关有锁。

龙好如僧坐禅，砂好如人秉笔。